总第139辑 (2023.3)

中国审判指导丛书

刑事审判参考

最高人民法院刑事审判
第一、二、三、四、五庭 编

人民法院出版社

图书在版编目（CIP）数据

刑事审判参考. 总第139辑 / 最高人民法院刑事审判第一、二、三、四、五庭编. -- 北京：人民法院出版社，2024.6

（中国审判指导丛书）

ISBN 978-7-5109-4157-3

Ⅰ．①刑… Ⅱ．①最… Ⅲ．①刑事诉讼－审判－中国－丛刊 Ⅳ．①D925.218.4

中国国家版本馆CIP数据核字(2024)第098966号

刑事审判参考（总第 139 辑）

最高人民法院刑事审判第一、二、三、四、五庭　编

策划编辑	兰丽专
责任编辑	路建华
出版发行	人民法院出版社
地　　址	北京市东城区东交民巷 27 号（100745）
电　　话	（010）67550660（责任编辑）　67550558（发行部查询）
	65223677（读者服务部）
客服 QQ	2092078039
网　　址	http://www.courtbook.com.cn
E－mail	courtpress@sohu.com
印　　刷	保定市中画美凯印刷有限公司
经　　销	新华书店

开　　本	787 毫米×1092 毫米　1/16
字　　数	214 千字
印　　张	14.25
版　　次	2024 年 6 月第 1 版　2024 年 6 月第 1 次印刷
书　　号	ISBN 978-7-5109-4157-3
定　　价	68.00 元

版权所有　侵权必究

《刑事审判参考》
编辑委员会

主　　任　杨万明

副 主 任　沈　亮　李　勇

委　　员　（以姓氏笔画为序）

　　　　　　马　岩　司明灯　李晓光　李静然　李睿懿
　　　　　　杨占富　何东青　何　莉　汪　斌　张　杰
　　　　　　陈学勇　陈鸿翔　欧阳南平　罗国良　孟　伟
　　　　　　董保军　翟　超　滕　伟

主　　编　沈　亮

副 主 编　（以庭为序）

　　　　　　何　莉　马　岩　陈鸿翔　滕　伟　李睿懿

执行编辑　（以庭为序）

　　　　　　钟彦君　段　凰　鹿素勋　曹东方　侯宏林

特约编辑

吴小军(北京)	孟　猛(上海)	陈长东(天津)
蒋佳芸(重庆)	祝柏多(黑龙江)	齐东妍(吉林)
贾　娜(辽宁)	李玉山(内蒙古)	孟静涛(山西)
陈庆瑞(河北)	谢　萍(山东)	陈吉双(安徽)
管友军(浙江)	汤媛媛(江西)	叶　巍(江苏)
刘　震(福建)	郝　卓(河南)	金吕钢(湖北)
李伟华(湖南)	陈东茹(广东)	周　强(海南)
韦宗昆(广西)	范　玉(四川)	周岸崟(云南)
朱　兴(贵州)	马　云(陕西)	陈小宁(宁夏)
南永绪(甘肃)	周　蔚(青海)	次登罗布(西藏)
冯向民(新疆)	吴　媛(兵团分院)	杨雪峰(军事法院)

编辑说明

《刑事审判参考》系最高人民法院刑事审判庭主办的业务指导和研究性出版物，1999年4月创办以来，秉承立足实践、突出实用、重在指导、体现权威的编辑宗旨，在编辑委员会成员、作者和读者的共同努力下，密切联系刑事司法实践，为刑事司法人员提供了有针对性和权威性的业务指导和参考，受到刑事司法工作人员和刑事法律教学、研究人员的广泛肯定和欢迎。

《刑事审判参考》作为最高人民法院用以指导全国各级人民法院刑事审判工作的唯一出版物，由最高人民法院刑事审判第一、二、三、四、五庭共同主办，最高人民法院杨万明副院长担任编辑委员会主任，沈亮、李勇副院长担任副主任。沈亮副院长担任主编，各刑事审判庭庭长担任副主编。

《刑事审判参考》每年共出版六辑，设有以下栏目：

【案例】选择在认定事实、采信证据、适用法律和裁量刑罚等方面具有研究价值的典型案例，详细阐明裁判理由，为刑事司法工作人员处理类似案件提供具体的指导和参考。

【立法、司法规范】收录与刑事司法工作密切相关的法律、行政法规、部门规章、司法解释及其他规范性文件。

【刑事政策】收录最新的刑事司法政策，如最高人民法院院领导在刑事审判工作会议上的讲话、刑事审判工作会议讨论的问题等。

【审判实务释疑】最高人民法院刑事审判庭解答在刑事审判工作中具有普遍指导价值的法律适用问题。

【理论前沿】摘要收录近期刑事理论界、实务界最新研究成果,及时跟踪研究刑事审判中出现的新问题,为刑事司法人员提供最新理论参考。

【域外司法】收录评介域外的刑事立法及司法制度、实务问题和典型案例的文章。

【经验交流】收录地方司法机关制定的刑事司法规范性文件及其背景说明,地方各级人民法院在刑事审判工作中对于某些问题的处理政策和意见等。

【实务探讨】针对刑事司法工作中必须解决的疑难、复杂问题,收录相关学者与司法人员的研究文章,为刑事司法工作人员提供解决相关问题的思路。

【大案传真】收录在社会上影响较大的案件的有关裁判文书,及时传递大要案、热点案件的审判信息。

【疑案争鸣】针对实践中发生的疑难案例,对其中争议问题进行分析,给读者提供参与交流探讨的平台,推动相关问题的深入研究。

【裁判文书选登】选择典型裁判文书进行评析,展现法官智慧,指出不足,促进裁判文书制作水平的不断提高。

最高人民法院刑事审判第一、二、三、四、五庭

目　录

【案例】

[第1581号]郑某某、马某某被诉非法制造、买卖、运输爆炸物案
——行政犯中不具有行政违法性的行为不构成犯罪
………………………………………………………… 许　昱（1）

[第1582号]北京某发展集团有限公司、李某某内幕交易案
——单位犯内幕交易罪的认定 ………… 方　玉　袁晓北（7）

[第1583号]叶某林、谭某竑、石某、乔某坤合同诈骗案
——以"套路加盟"视角把握合同诈骗罪的认定
………………………………… 周可荃　郭冰冰　付想兵（16）

[第1584号]蒋某某过失致人重伤案
——人民法院能否主动适用认罪认罚从宽制度
……………………………………… 姚　辉　王　韧　孙建猛（23）

[第1585号]左某猥亵儿童案
——性侵害未成年人刑事案件中证据的审查与判断
…………………………………………… 杨荣涛　亓　伟（29）

[第1586号]何某某、王某某绑架案
——绑架杀害被害人后,再以被害人生命相要挟向被害人
亲属勒索财物的行为应如何定性 …… 李　俊　曹东方（35）

[第1587号]徐某某重婚案

——审理重婚犯罪时不应宣告婚姻无效 … 顾岚岚　周　晓（40）

[第1588号]杨某盗窃案

——员工离职后利用公司未及时关闭系统使用权限的

漏洞预订机票的定性及既遂和未遂数额认定 … 沈　言（47）

[第1589号]林某袭警案

——袭警行为人主动给予受害民警民事赔偿并取得民警

个人谅解的,能否予以从宽处罚……… 黄伯青　李　洁（54）

[第1590号]李某帮助毁灭、伪造证据案

——为掩盖自己犯罪行为,通过一般的嘱托、请求等方式

指使他人作伪证之行为性质的认定 ……… 曾凡斌（60）

[第1591号]叶某某虚假诉讼案

——如何正确认定跨多个民事案件的虚假诉讼行为

……………………………………… 全周爽　丁可为（67）

[第1592号]王某某贪污案

——非法截留捐赠的财物应如何定性及处置

……………………………………… 刘　辉　多甜甜（71）

[第1593号]褚某某受贿案

——通过市场交易收受财产性利益行为的性质认定

……………………………………… 管友军　王单媛（78）

[第1594号]黄某受贿案

——原始股交易型受贿及数额的认定 …… 马文忠　黄高凯（86）

[第1595号]于某荣受贿、徇私舞弊假释案

——行贿人代为保管贿赂款情形下受贿人受贿罪既遂

与未遂之认定 ……………………………… 刘明伟（92）

【立法、司法规范】

中华人民共和国刑法修正案(十二)

  (2023年12月29日) ……………………………………（98）

刑法修正案(十二)的理解与适用 ……………… 张义健（101）

最高人民法院　最高人民检察院　公安部

  印发《关于办理医保骗保刑事案件若干问题的指导意见》的通知

  (2024年2月28日) ……………………………………（125）

【审判实务答疑】

法答网精选答问(一) ……………………………………（133）

【经验交流】

江苏省高级人民法院　江苏省人民检察院　江苏省公安厅

  办理侵犯商业秘密刑事案件的指引

  (2024年1月8日) ……………………………………（138）

【实务探讨】

国有企业腐败犯罪法律适用相关问题研究

  ——以江苏法院审结的960件国有企业腐败犯罪案件为

  主要样本 ……………………………………………（155）

有组织犯罪涉案财产认定和处置问题调研报告

  …………………… 天津市高级人民法院刑一庭课题组（178）

刑事涉案财产审查与认定规则

  ——以1003份裁判文书为实证样本 ………… 马　飞（197）

【案例】

[第 1581 号]

郑某某、马某某被诉非法制造、买卖、运输爆炸物案

——行政犯中不具有行政违法性的行为不构成犯罪

一、基本案情

被告人郑某某，男，1972 年××月××日出生。2019 年 8 月 2 日被逮捕，2022 年 7 月 13 日被取保候审。

被告人马某某，男，1987 年××月××日出生。2019 年 8 月 2 日被逮捕，2022 年 7 月 13 日被取保候审。

贵州省惠水县人民检察院向惠水县人民法院提起公诉指控：2018 年 5 月，被告人郑某某通过深圳安某公司获得二氧化碳相变致裂用发热剂专利使用权后，注册贵州正某某科贸易有限公司（以下简称正某某科公司）。在仅获得高氯酸钾批发资质的情况下，租赁长顺鸿某烟花爆竹厂厂房，并向湖南省永州市零陵三某电化有限责任公司管理人员吴某某购买高氯酸钾，借用长顺鸿某烟花爆竹厂资质向湖南省浏阳市文某电子火具有限公司购买电点火头，开始生产二氧化碳相变致裂用发热管（以下简称发热管）。2019 年 3 月中旬至 2019 年 5 月下旬，郑某某将生产地点搬迁至贵阳市乌当区覃某家别墅内继续生产发热管；6 月初，郑某某以正某

某科公司名义租赁贵州惠水坤某贸易有限公司厂房,继续生产发热管。郑某某通过互联网联系买家后,通过物流运输、安排工人送货和买家直接提货等方式将发热管销往全国各地。2019年6月25日,惠水县公安局查获郑某某在贵州惠水坤某贸易有限公司的发热管生产地点,现场扣押6种不同规格的疑似爆炸物发热管1837根(管内烟火药约重1231.65千克)。经查,案发时已出售发热管13652余根(管内烟火药约重12032.4千克),其中通过被告人马某某倒卖或介绍客户出售的发热管2670余根(管内烟火药约重1987.5千克),马某某从中赚取差价或佣金。经鉴定,郑某某生产的发热管内白色粉末物的主要成分为高氯酸钾、三聚氰酸、邻苯二甲酸等,经燃烧、爆炸试验证实,具有燃烧、爆炸性,是爆炸物品,为以高氯酸钾为基混制的烟火药。惠水县人民检察院认为,被告人郑某某以营利为目的,非法制造、买卖、运输爆炸物,情节严重;被告人马某某以牟利为目的,非法买卖爆炸物,情节严重。二人行为触犯刑法第一百二十五条之规定,应当分别以非法制造、买卖、运输爆炸物罪,非法买卖爆炸物罪追究刑事责任。

本案审理期间,贵州省惠水县人民检察院向贵州省惠水县人民法院撤回起诉。惠水县人民法院经审查,裁定准许惠水县人民检察院撤回起诉。

二、主要问题

对于行政犯,在相关行政规范监管缺位的情况下,行为人应否承担刑事责任?

三、裁判理由

本案审理过程中,就被告人罪与非罪存在两种不同意见。

第一种意见认为,二被告人的行为不宜认定为犯罪。二被告人在取得二氧化碳相变致裂用发热剂专利使用权、危险化学品经营许可证的前提下,以生产经营为目的生产发热管,且在正式投产前向国家民爆检验中心送检确认不具备爆炸性,已尽生产安全审慎注意义务,主观上并无制造、买卖爆炸物的故意,客观上亦未造成实际危害后果。相关行政主管部门监管缺位,在行政主管机关尚未履行行政管理责任的情况下,由行政相对人承担刑事责任不妥。

第二种意见认为,二被告人的行为构成犯罪。涉案物品已鉴定为烟火药,应当认定为爆炸物,二被告人在明知其生产经营行为超出经营许可证规定的情况下,通过互联网向全国售卖,具有较大的社会危害性。

我们同意第一种意见,具体分析如下。

(一) 非法制造、买卖、运输爆炸物罪属于行政犯

刑法是法律体系中的最后一道屏障,居于其他部门法之后,对其他部门法规范的效力起到强制维持的功能。行政犯又称为法定犯,是指刑法中规定的以违反行政法规为前置条件,违反前置行政法规达到一定严重程度,符合刑法所规定的犯罪构成要件,应当受到刑罚处罚的一类犯罪。根据罪刑法定原则,构成这类犯罪应以违反相应的前置行政法规为必要条件。因此,行政犯具有行政违法性和刑事违法性的双重违法属性,其刑事违法性的产生必须以行政违法性为前提,不具有行政违法性的行为就不可能具有刑事违法性,即使具有一定社会危害,也不能以刑事犯罪进行追究。对于行政犯,刑事司法程序的启动和刑事责任的追究应当以行政违法性的认定为前提。非法制造、买卖、运输爆炸物罪是指违反国家有关爆炸物的管理规定,未经批准,非法制造、买卖、运输爆炸物,危害公共安全的行为。本罪的成立,以违反国家有关爆炸物的管理规定为前提,属于典型的行政犯。

(二) 我国目前对二氧化碳相变致裂器相关产品行政规范监管缺位

二氧化碳相变致裂器爆破技术是从国外引进,我国尚在应用技术研究和推广完善阶段的新型爆破技术。该装置的基本结构如图1所示。

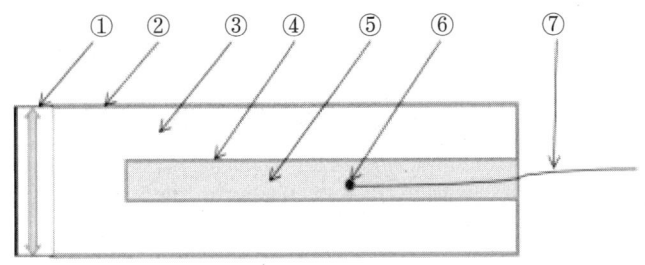

①泄压口；②储液管；③液态二氧化碳；④发热管；
⑤发热剂；⑥电点火器；⑦引线

图1 二氧化碳相变致裂器结构

二氧化碳相变致裂器的工作原理是：将液态二氧化碳充入储液管内，将储液管装入炮孔并堵塞，接通电源点燃储液管内置的发热管（或称激发管），发热管内的发热药剂被点燃后发生化学反应，瞬间产生大量热量，储液管内的液态二氧化碳吸热气化，体积剧增，在储液管内形成高压气体，高压气体冲破泄压口处的挡片作用于周边介质，致使煤、岩体开裂或破碎。其本质上是利用高压气体的物理致裂，相对传统炸药的化学爆破，具有不产生冲击波、明火、热源和有毒有害气体，扬尘少，安全环保等优势。

二氧化碳相变致裂器在本质上属于爆破产品，其核心部件发热管为液态二氧化碳提供相变所需的热能，是致裂器形成爆破力的必备启动装置。但由于该技术比较新颖，国内相关行政主管部门对此尚未制定相应标准，也暂未将该类产品列入《民用爆炸物品品名表》等爆炸物品行政规范中进行规范和有效监管。不同生产厂家在生产发热管时使用发热剂配方的不一致及生产工艺水平参差不齐，造成该类产品质量良莠不齐。有的厂家为了提高液态二氧化碳气化效果，保证可靠引爆，会在发热剂中加入可以提高爆热的高热值成分；有的厂家为了让发热剂更容易被激发，会在发热剂中加入一些提高药剂敏感程度的成分。上述情况导致二氧化碳相变致裂器产生意外爆炸的危险性大大增加，实践中二氧化碳相变致裂器意外爆炸致人伤亡的事故亦有发生。从安全属性上讲，该产品具有一定的爆炸危险性，有着对其严格管控的现实需求；从科技属性上讲，该产品又是具有科技创新性的新兴爆破产品，有着大力推广的实践需求。我们认为，对于该类产品，有赖于相关行政主管部门在充分调研的基础上制定标准和管理规定，规范其生产、储存、流通、使用等环节，依法加强行政监管，从源头上消除安全隐患，避免事故发生，保障人民群众生命和财产安全，同时保障积极参与科技创新企业和人员的合法权益，引领和促进新型爆破技术良性发展，而不应一味动用刑事处罚这一最严厉的处罚手段代替应有的行政监管。

（三）被告人的行为缺乏构成本罪所必备的行政违法性，不应承担刑事责任

目前，我国对二氧化碳相变致裂器类新型爆破产品的生产、加工、销售等环节缺乏行政规范和有效监管，没有明确的法律法规禁止该类产品的生产。在行政规范监管缺位的情况下，二被告人在取得涉案二氧化碳致裂用发热剂的专利使用权、危险化学品经营许可证的前提下，以生产经营为目的，生产、销售、运输发热管的行为没有违反爆炸物品管理的相关行政法规，不能认定其具有行政违法性。虽然生产的发热剂被鉴定为烟火药，但二被告人在正式投产前主动将发热剂样品送到国家民爆检验中心检验，在获得"不具备爆炸性"的结论后才正式大量生产、销售，已尽到审慎注意义务，主观上并无制造、买卖爆炸物的故意，客观上所售出的发热管均被用于合法的生产经营活动，未造成实际危害后果。根据主客观相统一原则，二被告人无须承担非法制造、买卖、运输爆炸物的刑事责任。

需要注意的是，本案中被告人生产发热管时所用的高氯酸钾属于《易制爆危险化学品名录》中列举的易制爆危险化学品。被告人在仅取得高氯酸钾批发资质的情况下，未按照《危险化学品安全管理条例》的规定办理危险化学品安全使用许可证，无证使用高氯酸钾进行生产活动，未严格执行易制爆化学品流向登记备案制度等，其行为违反了《危险化

学品安全管理条例》，应当由相关行政主管部门依法追究相应的法律责任。对《危险化学品安全管理条例》的违反诚然也是一种行政违法行为，具有行政违法性，但《危险化学品安全管理条例》并不是非法制造、买卖、运输爆炸物罪的前置行政法规，对该条例的违反不属于非法制造、买卖、运输爆炸物罪所要求违反的前置行政法规的范畴，不能将之作为本罪的行政违法性来考量。

本案审理过程中，检察机关对二被告人撤回起诉，原审法院依法裁定同意检察机关撤回起诉，充分体现了罪刑法定原则和刑法谦抑性原则。

（撰稿：最高人民法院刑四庭　许　昱

审编：最高人民法院刑四庭　何春燕）

[第 1582 号]

北京某发展集团有限公司、李某某内幕交易案

——单位犯内幕交易罪的认定

一、基本案情

被告单位北京某发展集团有限公司（以下简称某发展集团有限公司）。

被告人李某某，男，1965 年××月××日出生，某发展集团有限公司总裁。2010 年 8 月因犯挪用资金罪、职务侵占罪被判处有期徒刑十一年，2016 年 4 月 24 日刑满释放。2022 年 8 月 26 日因本案被逮捕。

北京市人民检察院第三分院指控被告单位某发展集团有限公司、被告人李某某犯内幕交易罪，向北京市第三中级人民法院提起公诉。

被告单位某发展集团有限公司及其辩护人提出，公司总裁李某某与王某某存在联络、接触的事实不清，证据收集不充分；公司证券账户的开户时间早于内幕信息形成时间，不存在异常交易行为；李某某系基于对厦门某电子股份有限公司（以下简称某电子公司）对外公告以及其为重组题材股的分析而购买该公司股票，具有正当的理由。综上所述，建议对某发展集团有限公司宣告无罪。

被告人李某某当庭对公诉机关指控事实不持异议，自愿认罪，但辩解内幕信息系间接从某次方大数据信息集团有限公司（以下简称某次方公司）处获取。被告人李某某的两位辩护人分别进行罪轻辩护和无罪辩

护。无罪的辩护意见指出，案涉内幕信息未被某电子公司股东通过，不存在真实的内幕信息，李某某研判某电子公司公开资料后决定购买该公司股票，没有获取内幕信息，且内幕交易罪为必要的共同犯罪，本案缺少内幕信息泄露人，因此建议对李某某宣告无罪。

北京市第三中级人民法院经公开审理查明：

2017年4月，某电子公司与某次方公司开始商讨某电子公司和某次方公司重组事项。2017年7月24日，某电子公司发布重大事项停牌公告。经证监会认定，某电子公司拟与某次方公司重组信息在公开前属于证券法规定的内幕信息，该内幕信息敏感期为2017年4月30日至7月24日。某次方公司董事长王某某参与商谈重组事宜，为该内幕信息知情人。

在前述重组事项商谈过程中，被告人李某某与王某某等人存在联络、接触，并决定使用被告单位某发展集团有限公司控制的5个证券账户在2017年7月17日至7月21日交易某电子股票，合计买入2401852股，成交金额共计17486741.01元，后于2018年4月17日至4月25日陆续全部卖出，亏损200余万元。

2019年6月4日，证监会对某发展集团有限公司、李某某内幕交易作出行政处罚。某发展集团有限公司足额缴纳罚款30万元。10月22日，证监会将某发展集团有限公司涉嫌内幕交易某电子公司股票的行为线索移送公安机关。北京市公安局于2020年1月16日对本案立案侦查。被告人李某某经民警电话通知，于2022年7月20日到案。

北京市第三中级人民法院认为，被告单位某发展集团有限公司非法获取证券交易内幕信息，在涉及对证券交易价格有重大影响的信息尚未公开前，利用该内幕信息进行证券交易，情节严重，其行为已构成内幕交易罪。被告人李某某系被告单位某发展集团有限公司直接负责的主管人员，其行为亦构成内幕交易罪。鉴于被告单位在行政处罚阶段已足额缴纳罚款，在量刑时可对其酌予从轻处罚，已缴纳的罚款可折抵罚金。被告人李某某曾因故意犯罪被判处有期徒刑，刑罚执行完毕五年以内又故意犯罪，系累犯，本院依法对其从重处罚。鉴于被告人李某某当庭认罪，自愿认罪认罚，本院对其从轻处罚。综上所述，根据被告单位某发展集团有限公司及被告人李某某犯罪的事实，犯罪的性质、情节及对于社会的危害程度，本院依照刑法第一百八十条、第三十条、第三十一条、第五十二条、第四十五条、第四十七条、第六十五条第一款、第六十一条，行政处罚法第三十五条，刑事诉讼法第十五条、第二百零一条及《最高人民法院、最高人民检察院关于办理内幕交易、泄露内幕信息刑事案件具体应用法律若干问题的解释》（以下简称《办理内幕交易案件解释》）第二条第三项、第三条之规定，判决如下：

一、被告单位某发展集团有限公司犯内幕交易罪，判处罚金人民币三十万元（已缴纳行政罚款折抵罚金）；

二、被告人李某某犯内幕交易罪，判处有期徒刑三年。

一审宣判后，被告单位及被告人未上诉，公诉机关未抗诉。判决已经发生法律效力。

二、主要问题

（1）联络、接触型非法获取内幕信息如何认定？
（2）在内幕信息敏感期内，交易行为明显异常如何认定？
（3）单位犯内幕交易罪如何认定？

三、裁判理由

结合公诉机关的公诉意见和被告单位的辩解以及辩护人的辩护意见，本案的争议焦点可以归纳为：（1）被告单位的总裁李某某在内幕信息敏感期内是否与内幕信息知情人员存在联络、接触，关于联络、接触的证据应达到何种证明程度；（2）被告单位敏感期内买入某电子公司股票，并于复牌后陆续卖出的行为是否属于明显异常的交易行为；（3）被告单位关于敏感期内购买某电子公司股票的辩解是否构成正当理由；（4）本案是否应当认定为单位犯罪。

(一)被告人李某某在内幕信息敏感期内与内幕信息知情人员之间的联络、接触达到使李某某具有获取内幕信息的现实可能性的程度,可认定李某某与内幕信息知情人员有联络、接触

根据刑法第一百八十条的规定,构成内幕交易罪的具体行为主体包括两类:内幕信息知情人员和非法获取内幕信息的人员。内幕信息知情人员属于法律、行政法规规定范围内的人员,通常与发行人及发行事项有直接关系,是相对确定的群体。非法获取内幕信息的人员则是不特定的、除内幕信息知情人员以外的群体。根据《办理内幕交易案件解释》第二条的规定,按照非法获取内幕信息的途径不同,非法获取内幕信息的方式可以分为非法手段获取型、亲密关系获取型以及联络、接触获取型。其中,非法手段获取内幕信息的行为需要有直接证据证明"窃取、骗取、套取、窃听、利诱、刺探或者私下交易等手段"的存在;而亲密关系型获取内幕信息以行为人与内幕信息知情人员具有特定的关系为前提。

本案中,被告单位某发展集团有限公司及被告人李某某并未使用非法手段,与内幕信息知情人员也不具有特殊关系,只有可能通过联络、接触非法获取内幕信息。控辩双方的争议关键在于某发展集团有限公司及李某某是否与内幕信息知情人员有过联络、接触,以及这种联络、接触的相关证据应达到何种证明程度,才可以认定为被告单位及李某某通过联络、接触非法获取了内幕信息。具体分析如下。

1. 被告人李某某与内幕信息知情人员具有联络、接触的行为

涉案内幕信息是关于某电子公司与某次方公司的重组事宜,属于对证券价格有重大影响的事件。内幕信息敏感期从某电子公司和某次方公司双方的负责人正式讨论重组的可行性开始,至内幕信息公开时结束,也就是2017年4月30日至2017年7月24日。王某某是某次方公司的董事长,全程参与重组事宜,属于证券法第五十一条规定的内幕信息知情人。

在内幕信息敏感期内，某发展集团有限公司及其关联公司与上述内幕信息的参与者某次方公司之间具有多项业务合作，并签订多份合作协议，其中两份协议书由被告人李某某与王某某代表各方签署。某发展集团有限公司辩解，虽然李某某和王某某代表各方签字，但是协议书是由各方工作人员通过邮寄的方式传送，再由李某某、王某某分别签署，无法证明李某某与王某某有直接接触。实际上，法院亦认为，不能仅因单位与单位之间有业务合作便认为在合作过程中传递了内幕信息，而是应当落脚到单位的具体人员与内幕信息知情人之间的联络、接触上。结合在案鉴定意见书以及证人证言等证据发现，李某某在敏感期内曾收藏来自王某某的微信信息，并且王某某、某发展集团有限公司的实际控制人陈某某、被告人李某某三人曾因某次方公司和某发展集团有限公司的合作事项面谈，有过接触。综合可以判定，在案证据不仅能够证实某发展集团有限公司与某次方公司因业务合作有联络、接触，并且能够证明某发展集团有限公司的实际控制人陈某某、总裁李某某与某次方公司的内幕信息知情人员王某某有联络、接触，且不止一次接触。

2. 被告人李某某与内幕信息知情人员的联络、接触使被告单位具有获取内幕信息的现实可能性

有观点认为，应当证实非法获取内幕信息的人员与内幕信息知情人员具体在何时及如何联络、接触，才可以认定与内幕信息知情人员存在联络、接触。实则不然。《办理内幕交易案件解释》第二条第三项规定了认定联络、接触型非法获取内幕信息的推定规则，该规则只要求对于联络、接触具有基础事实，即只需要证明单位工作人员与内幕信息知情人员有联络、接触行为，达到使非法获取内幕信息具有现实可能性即可，至于接触过程中在何时、何种情况下、以何种方式传递或者非法获取了内幕信息，并非必须查明的事实。在适用推定规则的条件下，应当再结合《办理内幕交易案件解释》第三条判断交易行为是否具有明显异常性，进一步判断是否获取内幕信息。至于李某某的辩护人提出内幕信息未被公司股东通过，未被兑现以及泄露内幕信息的人员未予查明，并不影响

内幕交易罪的构成。

(二) 被告单位在敏感期内集中资金买入某电子公司股票,并于股票复牌后陆续卖出的行为可以认定交易行为明显异常,且被告单位与被告人没有正当理由

根据《办理内幕交易案件解释》第三条规定,判断相关交易行为明显异常,应从时间吻合程度、交易背离程度、利益关联程度等方面予以认定。虽然该规定对于司法实践判断交易异常行为具有十分重要的指导意义,但是实践往往烦冗复杂,司法解释无法涵盖所有情形,更多地需要裁判者结合具体情况分析判断。具体到本案,可作出以下判断。

1. 交易行为的时间与联络、接触内幕信息知情人员的时间以及内幕信息形成和发展变化的时间基本吻合

第一,非法获取内幕信息的行为人和内幕信息知情人员联络、接触的时间与内幕信息形成和发展变化的时间基本吻合。在 2017 年四五月即内幕信息形成之初,某发展集团有限公司被告人李某某、陈某某与内幕信息知情人员王某某有所接触。2017 年 6 月 29 日,内幕信息知情人员王某某代表某次方公司与某电子公司达成合作意向,重组事项内幕信息更进一步得到明确;2017 年 7 月 22 日,某次方公司召开临时股东会讨论与某电子公司的重组事宜之前,双方定期商讨重组事宜。在上述两个内幕信息发展变化的关键节点上,李某某与内幕信息知情人员王某某分别代表某发展集团有限公司和某次方公司有紧密合作,2017 年 7 月 1 日、7 月 18 日二人分别代表某发展集团有限公司的关联公司、某次方公司签订了两份合作协议,显然,合作不可能不经商议直接签订协议。换言之,涉案的内幕信息进一步发展变化集中在 2017 年 6 月底至 7 月下旬,在该时间段内,某发展集团有限公司与某次方公司因业务合作也有不断的联络、接触,包括与李某某、王某某等人见面洽谈业务。

第二,交易行为与联络、接触内幕知情人员的时间以及内幕信息发展变化的时间基本吻合。如前所述,本案中联络、接触的时间与内幕信

息形成和发展变化的时间基本吻合，也正是在这个时间，某发展集团有限公司开展了交易行为。证券账户明细、银行交易流水、公司员工的证言等证据表明，2017年7月14日前后，某发展集团有限公司决定购买某电子公司股票，并于2017年7月17日至7月21日（交易日）实际进行交易，恰好落在联络、接触时间和内幕信息发展变化的重要节点。

综上所述，某发展集团有限公司被告人李某某联络、接触内幕信息知情人员的时间、决定并实际交易某电子公司股票时间与内幕信息形成和发展变化时间等三个重要时间基本一致，交易行为明显异常。

2. 交易行为与证券公开信息的基本常识背离，买入意愿异常强烈

在投资理论上，投资者以营利为目的选择投资对象，依据市场情况作出决策是基本共识。本案中，某电子公司年度报告证实某电子公司于2016年、2017年连续两年净利润为负值，且某发展集团有限公司员工曾简单调查过某电子公司的相关情况，得知该公司几乎仅剩壳资源优势，不具备购买的价值，并将此情况告知李某某。之后，在没有针对某电子公司股票进行个股分析的情况下，被告人李某某直接指令交易人员两周之内卖出其他所有股票，集中买入某电子公司股票；并且，此时卖出其他股票面临严重的亏损，即便如此，某发展集团有限公司仍旧要求在两周内将所有资金全部买入某电子公司股票。该决策显然不符合正常的投资逻辑，明显与市场的基本常识背离。辩护人称如果某发展集团有限公司知道内幕信息，则不会规划两周之内买入，而是在停牌日前全部买入，但在案某电子公司负责人及员工的证言证实，具体停牌时间是某电子公司负责人临时决定的，并未提前谋划，对某发展集团有限公司而言，停牌时间不具有可控性。另外，在证监会调查前，被告单位交易人员还存在隐匿交易电脑和补充某电子公司股票操作流程材料等行为，反应非常反常。

综上所述，某发展集团有限公司买入某电子公司股票背离市场基本常识，不符合正常的投资逻辑，且买入股票对象单一、买入时间明确、买入意愿强烈，其行为明显存在异常。

3. 被告单位、被告人李某某对交易某电子公司股票无正当理由

本案中，某发展集团有限公司辩解称，被告人李某某根据某次方公司拟上市的消息以及李某某参加的贵阳大数据会议所获得的信息，判定某次方公司和某电子公司重组，进而买入某电子公司股票，属于正常交易。但是，书面证据显示贵阳大数据会议于2017年5月举办，虽然李某某受某次方公司王某某邀请参加该会议，会议上某电子公司代表确有发言，但是该时间距离李某某2017年7月14日初次决定购买某电子公司股票时间有一个半月余，相隔时间较长。对于此时间差距，某发展集团有限公司不能作出合理解释。此外，李某某对该时间点公司不顾严重亏损结果执意换仓，也无法作出合理解释。

（三）本案内幕交易系为单位牟利并代表单位意志，应认定为单位犯罪，被告人李某某系直接负责的主管人员，亦应以内幕交易罪定罪处罚

由上文可知，被告人李某某在内幕信息敏感期内下令集中资金买入某电子公司股票，交易行为明显异常，且成交额已经达到立案追诉标准，符合内幕交易罪的客观构成要件。但本案还需要进一步判断上述行为是个人犯罪还是单位犯罪。具体而言，可从犯罪行为代表谁的意志、执行谁的命令、利益归属于谁三方面进一步分析。

第一，犯罪行为代表谁的意志。某发展集团有限公司由实际控制人陈某某控制，该公司没有具体制度化的审批流程，陈某某指令公司员工从关联公司归集资金供被告人李某某调配使用，进行资本运作，可以证明李某某因职务行为进行投资，并非基于个人意愿展开投资操作，也就是说李某某的指令代表公司的意志。

第二，犯罪行为执行谁的命令。被告人李某某时任某发展集团有限公司总裁，直接负责公司证券事务部所有工作，在实际控制人的授权范围内，李某某有权作出交易决定，然后由公司证券事务部工作人员执行指令。因此，对于公司工作人员而言，执行的不是李某某的个人指令，

而是执行公司的命令。

第三，犯罪利益归属于谁。本案的资金来源和归属均是公司。一方面，从银行流水看，用以进行证券交易的涉案资金全部来源于被告单位某发展集团有限公司的关联公司；另一方面，证券账户内的相关款项始终由某发展集团有限公司调拨支配，而非归属于被告人李某某个人。本案中，某发展集团有限公司利用内幕信息开展交易最终并未获益，亏损后果由公司承担，退一步讲，如获得收益，违法所得也归公司所有，而非李某某个人。

综上所述，本案应认定为单位犯内幕交易罪，按照刑法第一百八十条的规定，应当对被告单位判处罚金。同时，单位犯内幕交易罪的，实行双罚制，应当对其直接负责的主管人员和其他直接责任人员定罪处罚。而区分直接负责的主管人员和其他直接责任人员时应当结合人员在单位犯罪中的地位、作用和犯罪情节综合判断。被告人李某某在单位实施内幕交易行为中起到决定、授意、指挥的关键作用，应当认定为直接负责的主管人员，处五年以下有期徒刑或者拘役。鉴于李某某系累犯，依法对其从重处罚；其在审判阶段自愿认罪认罚，依法对其从轻处罚。法院最终判处被告人李某某有期徒刑三年，量刑准确、适当。

（撰稿：北京市第三中级人民法院　方　玉　袁晓北
审编：最高人民法院刑三庭　鹿素勋）

[第1583号]

叶某林、谭某竑、石某、乔某坤合同诈骗案

—— 以"套路加盟"视角把握合同诈骗罪的认定

一、基本案情

被告人叶某林，男，1982年××月××日出生。2021年10月20日被逮捕。

被告人谭某竑，女，1982年××月××日出生。2023年1月16日被逮捕。

被告人石某，女，1978年××月××日出生。2021年11月12日被逮捕。

被告人乔某坤，男，1992年××月××日出生。2021年11月25日被逮捕。

江苏省南京市秦淮区人民检察院指控被告人叶某林、谭某竑、石某、乔某坤犯合同诈骗罪，向江苏省南京市秦淮区人民法院提起公诉。

被告人叶某林辩称其不具有非法占有目的，不构成合同诈骗罪。其辩护人提出，叶某林未实施虚假宣传，合同签订后提供了服务，没有在合同履行过程中骗取加盟费，其行为不构成合同诈骗罪；南京迪某某丝公司是正规公司，具有履行能力且实施了履约行为，经营失败是多种因素叠加导致，叶某林没有非法占有的故意；叶某林系从犯。

被告人谭某竑辩称其具有履约能力，没有消极履约，不具有非法占

有目的，不构成合同诈骗罪。其辩护人提出，南京迪某某丝公司架构完备，"蜜桃里"商标真实合法，谭某竑在品牌运营中做了大量工作，具有履约能力；虚构事实的欺诈环节主要发生在合同签订前，谭某竑未参与夸大宣传；南京迪某某丝公司已基本履约，完成了对加盟商后续服务过程，不存在消极履约，经营失败是多种因素导致的；谭某竑没有非法占有目的，违法所得已投入公司经营，没有用于挥霍；谭某竑系从犯。

被告人石某未提出异议。其辩护人提出，本案系单位犯罪，石某没有非法占有目的，系从犯，退缴违法所得，有立功情节。

被告人乔某坤未提出异议。其辩护人提出，乔某坤有自首情节，系从犯，退缴违法所得。

江苏省南京市秦淮区人民法院经审理查明：

2020年8月起，被告人叶某林、谭某竑实际控制并经营南京迪某某丝公司，指使他人担任法定代表人、股东，购买"蜜桃里"商标转让注册至南京迪某某丝公司名下。2021年2月至5月，叶某林、谭某竑在明知南京迪某某丝公司不具备特许经营资质、没有特许经营资源及成熟经营模式的情况下，委托李某（另案处理）实际控制的河北维某公司提供短期快速招商加盟服务，以"蜜桃里"品牌对外招商加盟，所得加盟费由南京迪某某丝公司、河北维某公司按照22：78的比例分成，并由南京迪某某丝公司承担河北维某公司派驻的线下商务人员及其他派出人员的工资、提成、食宿等费用。

在招商过程中，河北维某公司招商人员采取虚构"蜜桃里"饮品品牌与其他知名品牌属同一集团或有合作关系等方式，诱骗被害人至南京市秦淮区蜜桃里直营店考察商谈，由河北维某公司派驻的被告人石某、乔某坤及其商务团队在直营店内继续采取贴靠知名品牌、虚增经营业绩、购买知名品牌产品冒充自有产品等方式，诱骗被害人签订加盟合同，骗取加盟费。之后，被告人一方消极履约，未能提供实质性的加盟经营指导、技术支持和业务培训等服务，放任被害人经营失败。截至案发，被告人以上述手段骗取300余名被害人加盟费共计5400余万元。叶某林、谭某竑后被抓获,石某、乔某坤主动投案。

江苏省南京市秦淮区人民法院认为,被告人叶某林、谭某竑、石某、乔某坤以非法占有为目的,在签订、履行合同过程中,骗取对方当事人财物,数额特别巨大,其行为已构成合同诈骗罪。叶某林、谭某竑在共同犯罪中起主要作用,系主犯。石某、乔某坤在共同犯罪中起次要作用,系从犯,依法应当减轻处罚。石某、乔某坤系自首,依法可以从轻处罚。依照刑法第二百二十四条、第二十五条第一款、第二十六条第一款、第二十七条、第六十七条第一款、第五十二条、第五十三条、第六十四条之规定,判决如下:

一、被告人叶某林犯合同诈骗罪,判处有期徒刑十二年,并处罚金人民币三百万元;

二、被告人谭某竑犯合同诈骗罪,判处有期徒刑十一年六个月,并处罚金人民币二百万元;

三、被告人石某犯合同诈骗罪,判处有期徒刑五年,并处罚金人民币二十万元;

四、被告人乔某坤犯合同诈骗罪,判处有期徒刑五年,并处罚金人民币二十万元;

五、责令被告人叶某林、谭某竑、石某、乔某坤退赔各被害人经济损失。查封、扣押、冻结的财产依法处置后按比例返还各被害人(以执行时的实际价值计入已退赔数额)。

宣判后,被告人叶某林、谭某竑提出上诉。叶某林及其辩护人提出,南京迪某某丝公司系正规公司,收取的22%加盟费主要用于经营,未从中营利,且合同签订时具有履约能力,一直积极履约,未达到加盟商预期主要是由于河北维某公司虚假宣传,多种因素叠加,事后公司积极处理客户投诉,叶某林并未与河北维某公司合谋骗取加盟费,不具有非法占有目的,不构成合同诈骗罪;即使构成犯罪,叶某林只构成虚假广告罪或合同诈骗罪的从犯。谭某竑及其辩护人主要提出,南京迪某某丝公司收取加盟费用于研发投入,公司有办公地点、工作人员且物料供应稳定,谭某竑没有非法占有目的。

江苏省南京市中级人民法院经审理认为,一审法院判决认定事实清楚,证据确实、充分,适用法律正确,量刑适当,审判程序合法,裁定驳回上诉,维持原判。

二、主要问题

特许经营合同中的合同纠纷与合同诈骗如何区分?

三、裁判理由

加盟合同是一种商业特许经营,是指拥有注册商标、企业标志、专利、专有技术等经营资源的企业(以下简称特许人),以合同形式将其拥有的经营资源许可其他经营者(以下简称被特许人)使用,被特许人按照合同约定在统一的经营模式下开展经营,并向特许人支付特许经营费用的经营活动。在特许经营中被特许人亏损的情形是属于正常的经营失败、民事欺诈还是合同诈骗,是实践中加盟类案件最大的争议点。

合同诈骗罪需要行为人在主观上具有非法占有的目的,客观上实施了刑法第二百二十四条规定的诈骗行为。刑法第二百二十四条规定了合同诈骗罪的四种类型,其中列举的四类行为如以虚假名义签订合同、虚假担保等均是实践中合同诈骗较为常见和典型的行为类型,而基于合同的复杂性、多样性,该条还规定了兜底条款。兜底条款在我国刑法中大量存在,其存在的合理性、必要性不言而喻,但也不容否认,其高度的抽象性、概括性和司法适用不确定性易引起较大争议。兜底条款的准确理解和精准适用,对实现刑法条文的合理扩张与严守罪刑法定原则的融合至关重要。兜底条款内涵和外延的把握应当遵守同类解释的原理。因此,判断实践中实施刑法第二百二十四条规定的四种类型以外的欺诈行为是否构成犯罪,仍然应遵从主客观相一致的原则,客观评判行为手段和损失结果,并结合案件具体情况准确区分被告人是否具有非法占有目的。以下为认定本案被告人借用特许经营加盟外壳实施合同诈骗行为,构成合同诈骗罪的理由。

（一）被告人没有履行合同能力

市场经济活动中，合同签订的目的是通过履行合同实现经济利益，如行为人在签订合同时没有履约能力，无法对合同义务的履行提供充分保障，合同目的将无法实现。没有合同履约能力通常表现为虚构具有履行合同能力和隐瞒没有合同履行能力。必须指出的是，没有合同履行能力只是认定无意履行合同的判断因素，二者并不能完全等同。在经济活动中，不排除合同当事人在签订合同中虚构或夸大自己的合同履行能力，但在签订合同后积极履行合同甚至完成合同；当然也有合同当事人具有履行合同能力而完全无意履行合同并实施合同诈骗。

根据《商业特许经营管理条例》第七条规定，特许人从事特许经营活动应当拥有成熟的经营模式，并具备为被特许人持续提供经营指导、技术支持和业务培训等服务的能力；特许人从事特许经营活动应当拥有至少两个直营店，且经营时间超过一年。要求特许人有具有市场竞争优势的商标使用权、高质量的产品和成熟的经营管理经验，其本质上是要求特许经营的品牌必须已经受市场考验并形成竞争优势，这样加盟商才可以避免商标注册风险与缩短商誉培育过程，依托成熟的商业模式快速获得市场竞争优势。因此，特许经营加盟资质、提供产品和技术指导等服务能力以及经受市场考验的盈利能力等是保证特许经营资源能够全面完整复制到加盟商，并产生预期盈利的保障，从而成为判断合同履行能力的重要因素。

本案中，"蜜桃里"品牌仅有一家线下直营店且经营时间未超过一年，该线下直营店未进行过正常开店活动，其开设目的仅为营造盈利假象欺骗线下考察的加盟商，不具有有市场竞争力的核心产品、服务及经受市场考验的盈利模式，没有成熟的经营和管理经验，无法为加盟商提供充分的技术支持和服务保障，运营能力不存在让加盟商盈利的可能性，没有履行合同的能力。

（二）被告人实施欺诈，诱骗对方签订合同

合同诈骗中的欺诈既有可能发生在签订合同前，也有可能发生在签订合同后履行合同的过程中。在没有实际履行能力的情况下，行为人既有可能虚构自己能力诱骗对方签订合同，也有可能通过"钓鱼"的方式，以履行小额合同或者部分履行合同为诱饵骗取更多的财物。

本案中，被告人虚构"蜜桃里"饮品品牌与其他知名品牌属同一集团或有合作关系，诱骗被害人至南京市秦淮区蜜桃里直营店考察商谈，再由河北维某公司派驻的商务团队在直营店内继续采取贴靠知名品牌、虚增经营业绩、购买知名品牌产品冒充自有产品等方式诱骗被害人签订加盟合同，属于典型的通过欺诈方式诱骗对方签订合同。

（三）签订合同后被告人未实际履行合同

不履行合同既包括消极不作为，也包括不按照合同约定履行。行为人以先履行小额合同或部分履行合同，诱骗对方当事人继续签订、履行合同的，也属于不实际履行合同。

特许加盟中，特许人要为被特许人持续提供经营指导、技术支持和业务培训等服务，使加盟商获得一系列支持，减少市场经营风险。而本案中，被告人在合同签订后象征性地发放了产品制作手册、进行课程培训等，而合同约定的实质内容如全面系统的市场评估、选址装修、开业指导、业务培训、广告宣传等服务均未履行，加盟商因此直接置身于市场风险之中，大量亏损、倒闭。而且，绝大部分加盟费未用于后续产品开发、品牌推广、技术指导等公司运营，无提高合同履行能力的资金筹集、产品研发等行为。南京迪某某丝公司、河北维某公司按照22∶78的比例对所得加盟费分成，并由南京迪某某丝公司承担河北维某公司派驻的线下商务人员及其他派出人员的工资、提成、食宿等费用。此种模式下，78%的收入用于骗取加盟，只留22%的收入用于公司运营，再扣除基本的场地、人员等费用，能够用于产品开发、品牌推广、技术指导的

资金已寥寥无几,无法为后续合同履行进行必要的资金投入,合同实际上已无法得到履行。

(四)被告人转移、隐匿骗取的财物

具有合同履行诚意的行为人,在因为自身行为造成对方损失、产生争议后,通常会采取一定的措施积极弥补合同相对方的损失,按照约定承担违约或赔偿责任,而具有非法占有目的的行为人,通常会转移、隐匿骗取的财物,采取各种手段逃避承担赔偿责任。

本案中,被告人不仅在收到加盟费后将绝大部分资金按照分成比例转给线上招商公司,用于公司运营的资金已所剩无几,加盟商在遭受损失后无法通过民事途径获得救济,而且被告人在收到大量客户投诉后仅留下几名售后人员稳定客户情绪,之后迅速更换品牌和公司,切断与之前公司品牌的联系,将大量员工带至新公司,用新品牌以类似的方式继续从事特许经营招商加盟活动,无任何损失弥补的能力和行为,具有非法占有加盟费的主观目的。

综上所述,被告人采取一系列欺诈行为,借用特许经营加盟外壳,诱骗被害人签订加盟合同,骗取300余名被害人加盟费共计5400余万元,可以认定其行为构成合同诈骗罪。人民法院根据犯罪的事实、性质、情节和对社会的危害程度,按照各被告人在犯罪中的地位、作用,以合同诈骗罪对各被告人分别定罪处罚,是正确的。

(撰稿:江苏省南京市秦淮区人民法院　周可荃　郭冰冰
　　　　最高人民法院刑三庭　付想兵
　　审编:最高人民法院刑三庭　鹿素勋)

[第 1584 号]

蒋某某过失致人重伤案

——人民法院能否主动适用认罪认罚从宽制度

一、基本案情

被告人蒋某某，男，1972 年××月××日出生。2021 年 7 月 28 日被逮捕。

江苏省徐州经济技术开发区人民检察院指控被告人蒋某某犯以危险方法危害公共安全罪，向江苏省徐州经济技术开发区人民法院提起公诉。

被告人蒋某某对指控的犯罪事实无异议，但不认可指控罪名，辩称其并非故意砸伤被害人。在法庭向其释明过失致人重伤罪的犯罪构成和法定刑后，认可其行为构成过失致人重伤罪，并自愿认罪认罚。

被告人蒋某某的辩护人对指控的犯罪事实无异议，认为蒋某某的行为不构成以危险方法危害公共安全罪，应以高空抛物罪追究责任；蒋某某具有自首以及积极赔偿被害人经济损失并取得谅解的从宽处罚情节，请求对蒋某某在有期徒刑一年以下量刑。

江苏省徐州经济技术开发区人民法院经审理查明：

2021 年 6 月 20 日，被告人蒋某某在徐州经济技术开发区徐州某外国语学校收购废旧书本，当日是中考最后一天，10 时 40 分中考结束，12 时 30 分许初三学生和家长已离校，是学校的放假时段。12 时 50 分许，被告人蒋某某在向该校综合楼楼下（学校食堂前的洗碗区）观察认为无人后,在未采取任何安全保障措施、无专人看管现场的情况下,将装满废旧书本的蛇皮口袋从综合楼五楼扔下,砸中经过现场的顾某,致顾某受伤。经鉴定,顾某头部损伤程度构成重伤二级,眼部损伤程度构成轻伤一级,鼻部损伤程度构成轻伤二级。

案发后,被告人蒋某某将被害人顾某送往医院救治;2021年6月21日,被告人蒋某某主动至公安机关投案,并如实供述自己的犯罪事实。

案发后及本案审理期间,被告人蒋某某赔偿被害人顾某经济损失共计人民币100500元,并取得顾某的谅解。

江苏省徐州经济技术开发区人民法院认为,被告人蒋某某在未确保安全的情况下高空抛物,轻信能够避免可能会发生的危害他人后果,致人重伤,其行为已构成过失致人重伤罪,依法应处三年以下有期徒刑或者拘役。公诉机关指控的犯罪事实成立,但指控罪名不当,予以纠正。被告人蒋某某犯罪后主动至公安机关投案,并如实供述其犯罪事实,系自首,案发后积极赔偿被害人经济损失并取得谅解,在审判阶段能够认罪认罚,对其依法予以从轻处罚。据此,依照刑法第二百三十五条、第六十七条第一款以及刑事诉讼法第十五条之规定,判决被告人蒋某某犯过失致人重伤罪,判处有期徒刑二年。

宣判后,江苏省徐州经济技术开发区人民检察院以原判认定事实及定性错误,量刑不当,被告人认罪认罚系庭后作出,未经法庭质证、辩论,原判对被告人适用认罪认罚从宽制度严重违反法定诉讼程序为由提出抗诉。江苏省徐州市人民检察院对江苏省徐州经济技术开发区人民检察院关于原判适用认罪认罚程序违法的抗诉意见予以支持,对其他抗诉意见未予支持。

江苏省徐州市中级人民法院经审理认为,原判决认定事实和适用法律正确,证据确实、充分,量刑适当,审判程序合法。依照刑事诉讼法第二百三十六条第一款第一项之规定,裁定驳回抗诉,维持原判。

二、主要问题

指控罪名与审理认定罪名不一致,被告人不认可指控罪名,但接受审理认定罪名及相应刑罚处罚的，人民法院能否主动适用认罪认罚从宽制度？

三、裁判理由

被告人对指控事实无异议，但不认可指控罪名，检察机关未启动认罪认罚程序，审判阶段人民法院审理认为指控罪名不当，并就审理认定罪名及量刑依法听取控辩双方意见，被告人自愿接受审理认定罪名和相应刑罚处罚的，能否认定被告人具有认罪认罚情节，人民法院是否可以主动对被告人适用认罪认罚从宽制度，实践中存在一定争议。我们认为，认罪认罚从宽制度适用于刑事案件侦查、起诉、审判各个阶段，人民法院在审判阶段可以主动适用认罪认罚从宽制度，充分保障被告人自愿认罪认罚获得从宽处理的权利。

（一）认罪认罚从宽制度中"认罪"与"认罚"的理解与认定

适用认罪认罚从宽制度，对准确及时惩罚犯罪、强化人权司法保障、推动刑事案件繁简分流、节约司法资源、化解社会矛盾，具有重要意义。正确适用认罪认罚从宽制度，需要准确把握"认罪"和"认罚"的条件。根据刑事诉讼法、《最高人民法院关于适用〈中华人民共和国刑事诉讼法〉的解释》（以下简称《解释》）及《最高人民法院、最高人民检察院、公安部、国家安全部、司法部关于适用认罪认罚从宽制度的指导意见》（以下简称《指导意见》）的规定，认罪认罚从宽制度中的"认罪"是指犯罪嫌疑人、被告人自愿如实供述自己的罪行，对指控的犯罪事实没有异议。被告人承认指控的主要犯罪事实，仅对个别事实情节提出异议，或者虽然对行为性质提出辩解但表示接受司法机关认定意见的，不影响"认罪"的认定。也就是说，"认罪"的认定要素主要有三点，即如实供述自己的罪行，对指控的犯罪事实没有异议，接受司法机关对其行为性质的认定。在刑事案件中，人民法院依法行使审判权，根据审理查明的事实、证据确定被告人是否有罪、构成何罪及处以何种刑罚。根据《解释》的规定，起诉指控的事实清楚，证据确实、充分，但指控的罪名不当的，应当依据法律和审理认定的事实作出有罪判决。该规定明确在犯罪事实同一的范围内，人民法院有权对起诉不当的罪名予以纠正。因此，对于起诉指控的事实清楚，证据确实、充分，被告人承认指控的犯罪事实，不认可指控罪名，但接受人民法院审理认定的罪名的，可以认定为"认罪"。

认罪认罚从宽制度中的"认罚"是指犯罪嫌疑人、被告人真诚悔罪，愿意接受处罚。"认罚"考察的重点是犯罪嫌疑人、被告人的悔罪态度和悔罪表现，应当结合退赃退赔、赔偿损失、赔礼道歉等因素来考量。同上所述，在指控罪名和审理认定罪名不一致的情况下，被告人认可人民法院审理认定罪名并自愿接受相应刑罚处罚的，当属"认罚"。对于造成他人生命、健康损害或者公私财产损失的，还要结合退赃退赔、赔偿损失、赔礼道歉等实际悔罪表现，综合认定被告人是否"认罚"。

（二）人民法院依法有权主动适用认罪认罚从宽制度

实践中，诉辩协商型认罪认罚案件较为常见，即在审查起诉阶段或者审判阶段，被告人对检察机关指控的犯罪事实没有异议，接受指控的罪名和量刑意见，并签署认罪认罚具结书，人民法院对被告人认罪认罚的自愿性和认罪认罚具结书内容的真实性、合法性进行实质性审查，并结合查明的事实、证据，依法确定是否适用认罪认罚从宽制度。在该类认罪认罚案件中，人民法院属于被动对检察机关启动的认罪认罚程序进行审查。但并非只有检察机关有权启动认罪认罚程序，《指导意见》第5条规定，认罪认罚从宽制度贯穿刑事诉讼全过程，适用于侦查、起诉、审判各个阶段，只要被告人符合认罪认罚的条件，人民法院亦可依职权启动认罪认罚程序，主动适用认罪认罚从宽制度。根据《解释》第三百五十六条的规定，被告人在检察机关提起公诉前未认罪认罚，在审判阶段认罪认罚的，人民法院可以不再通知人民检察院提出或者调整量刑建议，人民法院就定罪量刑听取控辩双方意见后，可以依法对被告人适用认罪认罚从宽制度作出判决。该条规定也明确了人民法院有权主动适用认罪认罚从宽制度。人民法院对于符合认罪认罚条件的被告人主动适用认罪认罚从宽制度，有利于及时惩罚犯罪和引导被告人真诚认罪悔罪。被告人不认可检察机关对案件的定性而未认罪认罚的案件，不具备诉辩协商认罪认罚的基础，但人民法院经审理认为检察机关指控罪名不当，被告人认可人民法院审理认定的罪名，并自愿接受相应刑罚处罚，符合认罪认罚条件的，人民法院可以依职权启动认罪认罚程序，保障被告人自愿认罪认罚获得从宽处理的权利。

（三）被告人在一审庭审结束后、宣判前认罪认罚的处理

对于被告人在庭审结束后、宣判前认罪认罚的，是否需要恢复庭审，不能一概而论，应根据案件的具体情况确定。认为有必要恢复庭审听取控辩双方意见的，可以恢复法庭调查；认为没有必要恢复法庭调查的，综合全案证据依法作出裁判，作为从宽处罚情节的，应当在裁判文书中载明法律依据。对于人民法院审理认定罪名与检察机关指控罪名不一致的案件，庭审中已经依法查明案件定罪量刑相关事实、证据，并已就审理认定罪名听取控辩双方意见，检察机关明确不变更指控罪名及量刑建议，被告人庭后表示接受审理认定罪名及相应刑罚处罚，控辩双方意见已经明确，悔罪表现业已查明的，对于被告人是否符合认罪认罚条件无须冉行开庭审理，人民法院可依法认定，并综合全案证据作出裁判。

本案中，检察机关指控被告人的行为构成以危险方法危害公共安全罪，原审法院审理认为指控的事实清楚，证据确实、充分，但指控罪名不当，被告人的行为符合过失致人重伤罪的构成要件。原审法院依法通过庭审、书面函等方式听取了控辩双方对审理认定罪名的意见。检察机关已明确不变更指控罪名及量刑建议。被告人庭后在辩护律师的见证下，自愿认可过失致人重伤罪，愿意接受相应刑罚处罚，控辩双方意见明确。被告人主动投案，如实供述自己的罪行，承认指控的犯罪事实，虽然对

行为性质提出辩解，但接受人民法院审理认定的罪名，符合认罪认罚从宽制度中"认罪"的要求。被告人案发后积极救治被害人，自愿赔偿被害人经济损失，获得被害人谅解，愿意接受刑罚处罚，体现其真诚悔罪，符合认罪认罚从宽制度中"认罚"的要求。原审法院在审理认定罪名与检察机关指控罪名不一致的情况下，已依法就审理认定罪名及量刑听取控辩双方意见，被告人其他量刑情节亦经庭审查明确认，被告人庭后认可人民法院审理认定的罪名，并自愿接受刑罚处罚的，可不再就此开庭审理，法院依职权主动对其适用认罪认罚从宽制度，程序合法，且符合认罪认罚从宽制度准确及时惩罚犯罪、强化人权司法保障、化解社会矛盾的立法目的。二审作出驳回抗诉、维持原判的裁定是正确的。

（撰稿：江苏省徐州市中级人民法院　姚　辉　王　韧　孙建猛

审编：最高人民法院刑四庭　姚龙兵）

[第1585号]

左某猥亵儿童案

——性侵害未成年人刑事案件中证据的审查与判断

一、基本案情

被告人左某，男，19××年××月××日出生。2023年4月27日被逮捕。

山东省济南市莱芜区人民检察院指控被告人左某犯猥亵儿童罪，向山东省济南市莱芜区人民法院提起公诉。

被告人左某辩称其没有猥亵被害人。其辩护人提出，本案事实不清、证据不足，被告人无罪。

山东省济南市莱芜区人民法院经审理查明：被告人左某系某辅导班实际经营人。2023年3月19日15时左右，左某在代其他老师上课时，利用被害人赵某（女，时年十一岁）想当班长、喜欢玩具的心理，在第一节课课间趁单独与赵某在教室之机，抱起赵某放下后，亲了赵某额头，后让赵某在淘宝上选购了一个玩具，并让赵某到玩具柜再选一个，承诺放学后给赵某。第二节课上课期间，左某让赵某去教室对面的办公室拿纸杯，在赵某进入办公室后，左某随即从教室内出来，观察走廊内没有其他人后进入办公室，从身后抱住赵某，将双手从赵某上衣下摆处伸进衣服摸赵某肚子、胸部，后将手拿出隔着衣服摸了赵某屁股一下，又将双手伸进赵某裤子摸腿部、阴部，赵某推开左某的手，借口上厕所打算离开，左某又从正面抱住赵某亲了额头一下，后赵某从办公室跑出进入厕所。当日放学后,赵某将左某上述行为告知母亲,赵某的母亲于当日15时50分左右报警,左某当日被民警口头传唤到案。经济南市公安局物证鉴定处鉴定,赵某额头擦拭物检测出左某的DNA分型。

山东省济南市莱芜区人民法院认为,被告人左某猥亵不满十四周岁的儿童,公诉机关指控其犯猥亵儿童罪成立。左某利用职业便利实施猥亵未成年人犯罪,应当依法适用从业禁止。对左某依照刑法第二百三十七条第三款、第三十七条之一,《最高人民法院、最高人民检察院关于办理强奸、猥亵未成年人刑事案件适用法律若干问题的解释》第十三条的规定,判决如下:

一、被告人左某犯猥亵儿童罪,判处有期徒刑三年;

二、禁止被告人左某从事教育培训等相关接触未成年人的工作。

一审宣判后,被告人左某不服,以"一审判决认定事实的证据仅有被害人陈述、无客观证据相印证,被害人陈述无法排除经人诱导,认定被告人猥亵儿童事实不清、证据不足"为主要理由,提出上诉。其辩护人提出,能直接指证被告人实施猥亵的客观证据不足,部分事实没有查清,不能排除合理怀疑,量刑畸重,请求改判无罪。

山东省济南市中级人民法院经二审审理认为,上诉人左某明知被害人系未满十四周岁的幼女,利用职业便利实施猥亵,其行为构成猥亵儿童罪。原审判决认定事实清楚,证据确实、充分,定罪准确,量刑适当,审判程序合法。依照刑事诉讼法第二百三十六条第一款第一项之规定,裁定如下:

驳回上诉,维持原判。

二、主要问题

性侵害未成年人刑事案件中,如何审查、判断被害人陈述的证据效力?如何把握案件证明标准?

三、裁判理由

目前,我国保护未成年人权益的法律体系日益健全,司法保护力度不断增强，未成年人权益保护工作取得巨大进展。但是，未成年人身心发育尚不成熟，易受到犯罪侵害，特别是遭受性侵害的案件仍有发生，给未成年人身心健康造成严重伤害。为进一步加强未成年人司法保护，提升性侵害未成年人刑事案件办理质效，根据相关配套法律规定，最高人民法院、最高人民检察院、公安部、司法部制定了《关于办理性侵害未成年人刑事案件的意见》，最高人民法院、最高人民检察院制定了《关于办理强奸、猥亵未成年人刑事案件适用法律若干问题的解释》两部规范性文件，均自2023年6月1日起施行，为规范办理性侵害未成年人刑事案件提供了制度保障。

本案中，在被告人左某拒不供认案件事实的情况下，认定案件事实的直接证据仅有被害人陈述，因而案件证据的审查与判断是审理的重点和难点。对于被告人左某能否定罪有两种观点。

第一种观点认为，此种案件中行为人作案较为隐蔽，在直接证据单一，又缺乏有力客观证据印证的情况下，对被告人定罪应遵循谦抑性原则，疑罪从无，宣告被告人无罪。

第二种观点认为，被害人陈述能否采信以及该陈述能否与其他若干间接证据相印证是审理的重中之重。依据上述两部规范性文件确定的证据审查和采信原则、证明标准，通过对被告人供述、被害人陈述进行独立审查，对全案证据进行综合审查，审查证据之间的印证关系，运用正面证真、反面证伪的证明方法，全案证据已形成完整的证明体系，被告人左某构成猥亵儿童罪。我们同意第二种观点，具体理由如下。

（一）被害人陈述的主要事实客观、真实

第一，报案及时、案发自然。赵某案发当日回家后随即将被左某猥亵的事实告知母亲，其母亲在确认赵某没有撒谎后第一时间向公安机关报案。

第二，赵某陈述稳定、自然。公安机关分别于案发当日、次日、一个月后三次询问赵某，赵某对左某让其到办公室拿纸杯、亲其额头、在办公室猥亵其的过程作了较为详细、完整的陈述,且前后陈述稳定、一致。

第三,赵某对于细节的描述符合该年龄儿童的正常记忆认知、表达能力。赵某案发时系年满十一周岁的小学五年级学生,有一定的是非观念,已经具备了较强的记忆、表达能力。

第四,可以排除诬告、陷害可能。时任赵某班主任的亓某某证实赵某性格活泼开朗、热心,积极参加班里活动,喜欢和同学、老师交流,平时没有撒谎的习惯。赵某的母亲在得知赵某被猥亵后,已第一时间告知赵某这种事不能骗人,必须说实话,赵某明确表示是实话。

(二)被害人的陈述与其他在案证据形成印证关系

第一,赵某陈述的左某让其去办公室拿杯子的情节,与证人陈某某证实的左某叫一个女同学出去相印证。

第二,赵某陈述的左某亲其额头后让其在手机上选购一个玩具的情节,与左某手机中调取的网购玩具记录、赵某额头检出左某DNA分型的DNA鉴定意见相印证。

第三,赵某陈述的其进入办公室后左某随即进入办公室、二人在办公室没有说话的情节,与监控视频显示的左某随即进入办公室、之后视频内没有说话声相印证。

第四,赵某陈述的左某将手从其上衣下摆处伸进摸其肚子和胸部的情节,与监控视频显示的赵某进入办公室前衣服下摆正常下垂,出来后下摆向内卷起的细节相印证。

第五,赵某陈述的左某将双手伸进其裤子摸腿和阴部的情节,与监控视频显示的左某从办公室出来后先后闻两手的行为相印证。

(三)被告人左某的供述与辩解不具有客观真实性

第一,公安机关对左某询问、讯问八次,被告人左某对案件细节供述出现多次反复、前后矛盾,且与在案其他证据相矛盾。

首先，关于二人如何进入办公室的问题，左某称赵某想喝水，其让她到办公室找纸杯，先是辩称赵某找不到杯子喊其去的办公室，后称其担心赵某找不到杯子自己紧跟着去的办公室，再后又称听到赵某喊，其才去的办公室，前后反复，且该辩解与赵某陈述、证人证明左某主动让赵某去办公室以及监控视频中听不到赵某喊老师的声音相矛盾。

其次，关于在办公室干什么的问题，被告人左某在第一、第二、第五、第七次笔录中称与赵某谈论买玩具、当班长的事，而在第三、第八次笔录中称与赵某谈论买玩具、看班次表、调班换老师的事，前后反复，且该辩解与监控视频中听不到有谈话声相矛盾。

再次，关于闻手的问题，被告人左某在第二次笔录中称是在挠痒，仔细观察视频后又称是在闻手，但不知道为何闻手，而在第三次笔录中称因有臭虫，自己用手捏碎，之前民警问为什么闻手时其没有想起来，前后矛盾。

最后，关于是否接触过赵某的问题，被告人左某在第四、第六次笔录中均称与赵某没有身体接触、没有亲学生额头，而在公安机关向其告知DNA鉴定结果后的第八次笔录中辩称其用手摸了赵某额头一下，前后矛盾，其没有接触赵某的辩解与DNA鉴定意见相矛盾。

第二，被告人左某对自己的异常举动不能作出合理解释。关于网购玩具、放学给玩具的行为，根据左某辩解，赵某要求当班长、换班，在赵某有求于左某的情况下，左某不但上课中间为赵某网购玩具，下课后又主动让赵某拿走一个玩具，违背常理。

（四）被告人左某蓄意实施猥亵行为，过程紧凑且合乎逻辑

在案证据证实，被告人左某先是要求赵某去办公室拿杯子，为其方便实施猥亵创造二人独处的条件，然后紧随赵某走出教室，在走廊内两次看向大厅确认无人后随即进入办公室并有掩门动作；二人在办公室待了二分四十秒左右，赵某跑出办公室进入厕所，左某从办公室出来后在走廊内先后闻了双手，进入教室后随即退至门口附近，之后走出教室门

在走廊内扭头看了从厕所出来时赵某的状况。左某利用赵某喜欢玩具、想当班长的心理，先在亲了赵某后，让赵某在其手机上选购了气泡胶玩具，在办公室实施了猥亵行为后，放学时又主动让赵某拿走了一个擀面条的橡皮泥玩具。上述行为看似是漫不经心，实则是蓄意实施的逻辑严密的系列行为。

综上所述，未成年被害人陈述了与被告人或性侵害事实相关的非亲历不可知的细节，并且可以排除指证、诱证、诬告、陷害可能的，一般应当采信；性侵害未成年人犯罪案件事实的认定要立足证据，结合经验常识，考虑性侵害案件的特殊性和未成年人的身心特点，准确理解和适用事实清楚，证据确实、充分，排除合理怀疑的证明标准。

本案中，未成年被害人赵某陈述的被猥亵的细节非亲历不可知，结合其他证据排除诬告、陷害的可能，该陈述客观真实，且与在案其他证据形成完整证明体系；相反，被告人左某的供述前后反复、矛盾，并不能作出合理解释，且与在案其他证据相矛盾，不具有客观真实性。综合在案证据，足以认定左某实施了猥亵儿童的行为。

人民法院根据案件事实、证据，对被告人左某以猥亵儿童罪定罪量刑，是正确的。

（撰稿：山东省济南市莱芜区人民法院　杨荣涛　亓　伟
　　　审编：最高人民法院刑二庭　高洪江）

[第 1586 号]

何某某、王某某绑架案

——绑架杀害被害人后，再以被害人生命相要挟向
被害人亲属勒索财物的行为应如何定性

一、基本案情

被告人何某某，男，1977 年××月××日出生。2003 年 5 月 23 日因犯盗窃罪被判处有期徒刑一年，并处罚金人民币四千元。2006 年 3 月 8 日因犯故意伤害罪被判处有期徒刑三年。2011 年 4 月 25 日因犯贩卖、运输毒品罪被判处无期徒刑，剥夺政治权利终身，并处没收个人财产人民币二万元。2020 年 8 月 6 日因本案被押回审判。

被告人王某某，男，1984 年××月××日出生。2020 年 9 月 11 日被逮捕。

云南省文山壮族苗族自治州人民检察院指控被告人何某某、王某某犯绑架罪，向云南省文山壮族苗族自治州中级人民法院提起公诉。

被告人何某某、王某某对指控其二人绑架被害人致死的事实均无异议，均辩称受对方邀约实施犯罪，被害人系对方杀害。

云南省文山壮族苗族自治州中级人民法院审理查明，被告人何某某、王某某因经济拮据共谋绑架，何某某提出绑架其前房东王某琼之子王某（被害人，殁年六岁），以此向王某琼家索要财物，王某某同意。2003 年 1 月 15 日 11 时许，何某某在云南省文山县某小学门口将放学后的王某骗

走,与王某某一起将王某带至文山县幕底河水库红石岩岩洞内杀害。后二人通过公用电话向王某琼索要赎金未果。同年2月27日,王某尸体被群众发现,经鉴定不排除王某死于机械性窒息的可能。

云南省文山壮族苗族自治州中级人民法院认为,被告人何某某、王某某以勒索财物为目的绑架幼童,并在绑架过程中杀害被绑架人,二人均构成绑架罪。二人在共同犯罪中共同商量、共同实施,密切配合,应对造成被绑架人死亡结果共同承担责任。犯罪性质恶劣,手段残忍,社会危害极大。依照刑法第二百三十九条、第二十五条、第二十六条、第七十条、第六十九条、第三十六条第一款之规定,认定被告人何某某犯绑架罪,判处死刑,剥夺政治权利终身,并处没收个人全部财产,与前犯贩卖、运输毒品罪被判处的刑罚并罚,决定执行死刑,剥夺政治权利终身,并处没收个人全部财产;认定被告人王某某犯绑架罪,判处死刑,剥夺政治权利终身,并处没收个人全部财产。

宣判后,被告人何某某、王某某分别提出上诉。

云南省高级人民法院审理认为,上诉人何某某、王某某为勒索钱财,共同绑架被害人并将其杀害,其行为均已构成绑架罪。二上诉人哄骗未成年被害人并将其残忍杀害,手段极其恶劣,罪行极其严重,依法应予严惩。裁定驳回上诉,维持原判,并依法报请最高人民法院核准。

最高人民法院复核认为,被告人何某某、王某某以勒索财物为目的绑架他人,其行为均已构成绑架罪。二人绑架儿童致死,犯罪性质恶劣,情节、后果严重,在共同犯罪中均系主犯,应依法惩处。鉴于何某某在提起犯意、选择作案目标及诱骗被害人等方面的作用大于王某某,王某某在本案中的罪责相对轻于何某某,对王某某判处死刑,可不立即执行。故依法核准被告人何某某死刑,改判被告人王某某死缓。

二、主要问题

对于以勒索财物为目的,绑架后杀害人质,再以被害人生命相要挟向被害人亲属勒索财物的行为应如何定性?

三、裁判理由

司法实践中，对于行为人以勒索财物为目的绑架被害人，刚刚控制被害人就因被害人反抗激烈杀害被害人，甚至预谋先杀害被害人，再隐瞒被害人已死亡的事实，以被害人生命相要挟向被害人亲属勒索财物的行为如何定性，多有争议。本案即是典型的以索财为目的绑架被害人，先杀害被害人，再勒索财物的案件。案件办理过程中，就如何定性存在两种意见。

一种意见认为，应定故意杀人罪和敲诈勒索罪两罪。理由是遵循案件发生的客观实际，对杀害被害人的行为单独认定故意杀人罪，此后，行为人向被害人亲属勒索财物时隐瞒了被害人已死亡的事实，符合敲诈勒索罪的犯罪构成。行为人实施前后两个行为，存在两个故意，触犯了两个罪名，以故意杀人罪、敲诈勒索罪并罚能体现对案件事实的全面评价，并且彰显从严打击精神。

另一种意见则认为，应定绑架罪一罪。主要基于对绑架罪犯罪构成的整体认识和对绑架过程中"杀害被害人"这一情节加重犯的理解和把握。

我们同意第二种意见，具体分析如下。

（一）定绑架罪一罪符合刑法全面评价原则

刑法全面评价原则要求把具有内在关联性的行为作为一个整体，全面评价行为的主客观方面，特别是所侵犯的受法律保护的利益，以刑法规定的某一犯罪的犯罪构成去审视、解释整体行为，不应机械地对每一具体行为割裂开来单独评价。根据刑法规定，绑架罪是指以勒索财物或扣押人质为目的，控制、绑架他人的行为；敲诈勒索罪是指通过威胁、要挟等方法对他人形成心理强制，强行索取财物的行为。两罪的犯罪构成虽有交叉，但区别亦十分明显。绑架罪侵犯的是复杂客体，行为人绑架他人的目的虽系勒索财物，但绑架罪侵犯的不仅是财产权利，而且首要侵犯的是被害人的人身健康和生命权，因此，绑架罪规定在刑法分则

第四章侵犯公民人身权利、民主权利罪中。主观方面，绑架罪的主观故意中包含勒索财物的故意，也包括侵害、威胁被绑架人人身的故意；客观方面，使用暴力、胁迫的手段是绑架罪犯罪构成的重要内容。因此，绑架过程中发生的杀人行为能够为绑架罪的犯罪构成所包含。

(二) 定绑架罪一罪符合对绑架罪情节加重犯的理解

刑法第二百三十九条第二款规定，犯绑架罪，杀害被绑架人的，或者故意伤害被绑架人，致人重伤、死亡的，处无期徒刑或者死刑，并处没收财产。"杀害被绑架人"构成绑架罪的情节加重犯。刑法对"杀害被绑架人"没有限定时间节点，既包括行为人勒索财物未得逞或得逞后杀害被害人的"撕票"情形，也包括在绑架过程中为排除反抗而杀害被绑架人的情形，还包括在联系被害人亲属勒索财物之前即杀人的情形。实践中，绑架行为人与被害人有正面接触，甚至熟识，一些行为人为降低犯罪风险，在着手绑架时即想好杀害被绑架人，此行为实际上是"提前灭口"，与勒索财物后的"撕票"行为没有本质区别。在绑架过程中杀害被绑架人，实质上是故意杀人罪和情节加重的绑架罪的牵连犯，按照牵连犯的处断原则，后者的法定刑比故意杀人罪的法定刑重，也应当择一重罪即以绑架罪论处。

(三) 定绑架罪一罪有利于案件的处理

定绑架罪一罪不仅符合本罪的内在逻辑，而且更符合司法实践的需要。一些误以故意杀人、敲诈勒索两罪并罚的案件处理中，暴露出以下问题：首先，在绑架罪共同犯罪中，因将杀人行为单独定罪，需要表述故意杀人的具体事实，对各被告人的具体行为以及在故意杀人犯罪中的地位、作用作出认定，但由于被告人之间往往互相推诿，难以准确查明直接致死被害人的凶手。如果定绑架罪一罪，则可以从共同犯罪人在整个绑架犯罪中的行为表现去认定其地位、作用，对罪责的认定更有说服力。其次，定两罪容易导致对犯罪情节的认定出现争议。如李某故意杀人、敲诈勒索一案，李某以索财目的绑架被害人，先杀人再索财，一审定两罪。但该案系因被害人亲属被勒索而发案，公安机关据此抓获李某，李某交代了已将被害人杀害的事实。一审认为李某交代的杀人事实立案时公安机关不掌握，故意杀人罪构成自首。二审认为敲诈勒索和故意杀人是密切关联的犯罪事实，李某如实供述杀人事实系坦白，不构成自首，予以纠正。再次，定性不准易导致量刑问题上被动。敲诈勒索罪的附加刑仅有罚金，而绑架罪杀害被绑架人的，依法应并处没收财产，一旦一审定性不准确，受上诉不加刑原则的制约，后续审判程序即使纠正一审定性，也难以依法调整附加刑。最后，定两罪背离当事人及一般民众的认知。如李某故意杀人、敲诈勒索一案，李某供述其犯罪就是绑架，被害人亲属接到勒索信也认为被害人是被绑架而报警，周围群众参与寻找人质过程中也认为是发生了绑架案件。法院裁判应当尊重社会公众的朴素认知，而非以所谓的专业化与群众认知拉开距离。

综上所述，对于以索财为目的绑架被害人，先杀人后索财的行为，应定绑架罪一罪。需要指出的是，如果行为人出于其他目的和动机先行杀害被害人，再临时起意谎称绑架了被害人而向被害人亲属勒索财物，因杀人行为与索财行为没有必然的关联性，应当实事求是地评价为两罪。也就是说，决定如何定性的关键在于绑架犯意产生的时间节点，而非故意杀人和勒索财物的先后顺序。绑架案件中，被害人在勒索财物之前还是在勒索财物之后杀害被害人，并不影响犯罪性质的认定。至于绑架犯意产生的时间节点认定，则应立足于被告人口供、被告人与被害人及亲属间的关系、双方有无矛盾、案件发生发展的逻辑过程等，结合常情常理来综合判断。本案中二被告人事先存在明确的绑架故意，将被害人带至偏僻地点进行控制，在勒索财物的犯意支配下实施了杀人行为，以绑架罪一罪论处，是正确的。

（撰稿：最高人民法院刑四庭　李　俊　曹东方
审编：最高人民法院刑四庭　董保军）

[第 1587 号]

徐某某重婚案

——审理重婚犯罪时不应宣告婚姻无效

一、基本案情

自诉人李某,女,19××年××月××日出生。

被告人徐某某,男,19××年××月××日出生。2018年9月因犯诈骗罪被判处有期徒刑十一年八个月,并处罚金人民币二十万元。2021年7月12日被解回再侦。

自诉人李某以被告人徐某某犯重婚罪为由,向江苏省南京市玄武区人民法院提起刑事自诉,同时请求宣告双方婚姻无效。

被告人徐某某辩称前段婚姻没有经过登记,属于事实婚姻,其与李某结婚不构成重婚罪。

被告人徐某某的辩护人提出,徐某某在与他人婚姻关系仍然存续的情况下,与自诉人李某领取结婚证,属于欺骗,应当认定为无效婚姻;徐某某认罪态度好,主观恶性低,情节轻微,社会危害性小,且已经超过追诉时效,请求宣布婚姻无效并免予追究刑事责任。

江苏省南京市玄武区人民法院经审理查明:1983年左右,被告人徐某某与刘某某经人介绍相识,后在江苏省连云港市东海县举行结婚仪式,并同居生活,婚后二人生育两子。1997年,徐某某因工作原因从连云港市调动到南京市并与自诉人李某结识。2008年,徐某某告知李某其已离婚并提出与李某组建家庭的意愿。2010年3月6日，徐某某与李某在南京市鼓楼区民政局登记结婚。

江苏省南京市玄武区人民法院审理认为，被告人徐某某在与他人婚姻关系存续期间与李某办理结婚登记，其行为已构成重婚罪。依照刑法第二百五十八条、第六十九条、第七十条、第六十七条第三款之规定，判决如下：

一、被告人徐某某犯重婚罪，判处有期徒刑六个月，与前因犯诈骗罪判处的有期徒刑十一年八个月，并处罚金人民币二十万元，实行数罪并罚，决定执行有期徒刑十二年，并处罚金人民币二十万元；

二、宣告被告人徐某某与自诉人李某的婚姻无效。

一审宣判后，被告人徐某某不服，提出上诉，认为其行为不构成重婚罪。

江苏省南京市中级人民法院审理查明的事实与原审判一致。江苏省南京市中级人民法院审理认为，上诉人徐某某在事实婚姻关系存续期间，又与他人登记结婚，其行为已构成重婚罪。根据相关民事法律规定，重婚属于婚姻无效的情形，但宣告婚姻无效不属于刑事诉讼及刑事附带民事诉讼的范围，一审法院在刑事判决中"宣告被告人徐某某与自诉人李某的婚姻无效"不符合刑事诉讼法的规定，予以纠正。综上所述，维持原审法院判决第一项，即被告人徐某某犯重婚罪，判处有期徒刑六个月，与前因犯诈骗罪判处的有期徒刑十一年八个月，并处罚金人民币二十万元，实行数罪并罚，决定执行有期徒刑十二年，并处罚金人民币二十万元。撤销原审法院判决第二项，即宣告被告人徐某某与自诉人李某的婚姻无效。

二、主要问题

审理重婚刑事案件时，认定被告人构成重婚罪，是否应一并判决宣告双方婚姻无效？

三、裁判理由

本案系重婚刑事自诉案件，自诉人同时请求一并宣告婚姻无效。审理过程中对在判决认定被告人构成重婚罪的同时，人民法院是否可以根据自诉人的诉请一并判决宣告双方婚姻无效，存在两种意见。

一种意见认为可以一并宣告双方婚姻关系无效。主要理由为：刑事自诉案件不同于公诉案件，诉讼形式更加灵活，甚至可以调解，自诉人一并请求宣告双方婚姻无效，从方便当事人诉讼、减轻当事人诉累的角度，可以一并处理。同时，重婚本身属于婚姻无效的情形，已经认定被告人构成重婚罪，一并认定双方婚姻无效并无不当，该做法也符合最高人民法院相关电话答复的精神，实践中亦有不少案件如此处理。

另一种意见认为不宜在刑事判决书中作出此类宣告。主要理由为：刑事自诉案件仍然应当遵循刑事诉讼法的规定，在刑事判决中作出宣告婚姻无效的判项缺少法律依据。重婚刑事判决只解决被告人是否构成重婚罪及判处刑罚的问题，虽然根据民事法律规定，重婚属于婚姻无效的情形，但宣告婚姻无效属于民事案件案由，不宜在刑事判决中作出此类判项。

我们赞同第二种意见，并认为刑事判决作出民事判项均应当具有法律依据，宣告婚姻无效不属于刑事诉讼及刑事附带民事诉讼的处理范围，不论是公诉还是自诉，审理重婚罪案件时，不能在刑事判决中一并宣告婚姻无效。理由有以下五点。

（一）刑事判决与民事判决涉及的法律关系不同，除刑事附带民事判决外不应在刑事判决中作出民事判项

首先，从功能属性上看，刑事判决本质上是人民法院以法定的程序，确定被告人是否承担刑事责任以及承担何种刑事责任，并附随处理相关犯罪物品及涉案财物、确定是否赔偿因犯罪行为对被害人所直接造成的物质损失，以及特殊情况下基于特殊预防的考虑对被告人处以某些非刑

罚处罚措施的一种法律后果宣告方式；民事判决则是人民法院针对各类民事法律关系的确认与撤销、民事责任的承担与调整而依据法定程序作出的民事法律后果宣告方式。由于刑事犯罪与民事纠纷存在的场域和成立的要件并不相同，故刑事判决与民事判决调整和处理的法律关系亦不相同，原则上两者之间不宜混同处理。例外的是，根据法律规范的授权，在刑事附带民事诉讼中，对于犯罪分子的犯罪行为给被害人造成的物质损失赔偿问题，人民法院可在刑事附带民事判决中一并作出判决。除此外，刑事判决与民事判决应当互不理涉、相互独立，刑事判决不宜作出民事判项，以防刑事判决判项内容被不当扩大，偏离刑事判决的功能属性。

其次，从诉讼规则来看，刑事犯罪事实的处理和民事婚姻效力的认定分属不同的诉讼程序，解决的是不同的法律问题，在法律没有明确授权的情况下，不宜直接在重婚罪刑事案件中判决婚姻关系无效。这正如审理合同诈骗罪案件时，不应在刑事判决中对合同效力作出认定。本案中，重婚刑事案件的审理只是确定被告人是否构成重婚罪以及判处何种刑罚，虽然认定被告人构成重婚罪后，婚姻关系符合民法典第一千零五十一条规定的婚姻无效的情形，但婚姻效力问题仍需要经过法定程序另行确认。

最后，从附随程序来看，对于需要人民法院宣告婚姻无效的案件，往往需要在宣告婚姻无效的同时解决子女抚养、财产分割、损害赔偿等问题，并非单纯宣告婚姻无效。因此，此类具有复合型诉讼内容的案件，更加不宜由审理重婚刑事案件的刑事诉讼一并解决。

（二）刑事判决判项的类型和内容应当具有源自刑法、刑事诉讼法及相关司法解释的依据

刑事判决定罪之有无、判刑之轻重，对被告人的刑事责任有决定性宣告意义。因此，刑事判决主文部分的类别、内容以及判项表述应当受到来自刑法、刑事诉讼法等相关刑事法律及司法解释的严格限定。根据

刑法及刑事诉讼法规定，刑事判决的判项类型概括起来主要包括触犯的罪名以及宣告的刑罚、犯罪物品的处理、非刑罚处罚措施，对于附带民事诉讼案件，还涉及是否支持被害人的赔偿请求。上述判项内容实际上都源自刑法、刑事诉讼法的规定，即对于如何在诉讼程序中贯彻刑法，对于刑法所确定的定罪、量刑及刑事责任的具体实践，刑法与刑事诉讼法在判项设置上是相互衔接的，相关法律规定均为在刑事判决判项中作出定罪量刑、附带民事赔偿、涉案财物处置、非刑罚处罚措施的有关判决做好了衔接。在重婚罪的刑事判决中作出宣告双方婚姻关系无效的判项无论在实体法还是程序法上，都于法无据。

（三）宣告婚姻无效不属于刑事附带民事诉讼受理范围

有观点认为，本案中自诉人在诉请法院追究被告人构成重婚罪刑事责任的同时，一并诉请宣告婚姻无效，属于实质上提起了刑事附带民事诉讼，故理应在判决中一并作出处理。我们认为，该观点对附带民事诉讼的范围理解有误。根据刑事诉讼法第一百零一条及《最高人民法院关于适用〈中华人民共和国刑事诉讼法〉的解释》第一百七十五条的规定，刑事附带民事诉讼的收案范围仅限于被害人因人身权利受到犯罪侵犯或者财物被犯罪分子毁坏而遭受物质损失的情形。本案自诉人提出的宣告婚姻无效的诉讼请求，属于民法上对婚姻效力的确认之诉，并非犯罪导致的被害人方物质损失的范畴。

（四）有关电话答复意见已失效

1980年11月27日，最高人民法院研究室针对中国人民解放军军事法院《关于军事法院判处的重婚案件其非法婚姻部分由谁判决的请示》作出电话答复，"非法婚姻是构成重婚罪的前提，法院在判决重婚案件的同时，判决书中应一并写明解除非法婚姻，这不属于刑事诉讼附带民事诉讼的问题"。应当指出，该答复于1980年作出，彼时，刑法及刑事诉讼法均刚刚施行，司法实践中对重婚罪的法律适用、审理程序、处理方式等尚缺乏统一的规则。与此同时，民事诉讼法尚未制定，而1980年婚姻法尚未实施（1981年1月1日实施），1950年出台的婚姻法中虽然规定了禁止重婚，但并未规定重婚导致的法律后果，亦未明确通过何种程序解除基于重婚的婚姻关系，重婚的刑民程序之间并未有效衔接，无效婚姻纠纷亦尚未成为人民法院一种专门的民事案由，有关处理程序尚不完备，地方法院在民事判决中处理重婚等非法婚姻的做法不一，有判决解除非法婚姻的，有判决废除非法婚姻的，还有在判决中不表述的。此外，由于彼时的军事法院并无相关民事判决职能，对涉及军人重婚的，亦难以有效处理。因此，该答复属于特定历史条件下的司法政策产物。根据2019年最高人民法院发布的《关于废止部分司法解释（第十三批）的决定》，该答复现已失效。

应当指出，尽管该答复已经被废止，但其精神应当被正确理解。其中，关于如何处理非法婚姻，该答复也提出了解决路径，指出兰州军区空军军事法院应将林某远重婚罪的判决书副本送达关系人鲁某荣，可补充向鲁某荣宣告，她与林某远的非法婚姻关系已解除，宣告事项在送达证上记明归档备查。关于补充宣告是通过书面还是口头方式，并未详细规定，但至少可以明确，不应在重婚罪刑事判决书中一并宣告双方婚姻关系无效。因此，即便该答复未被废止，从中也不能推导出，在现有法律框架下可以在重婚刑事判决中一并宣告双方婚姻关系无效。

（五）符合相关规定的精神

根据民法典第一千零五十一条的规定，重婚是婚姻无效的情形之一。无效的或者被撤销的婚姻自始没有法律约束力，但根据《最高人民法院关于适用〈中华人民共和国民法典〉婚姻家庭编的解释（一）》第二十条规定，民法典第一千零五十四条所规定的"自始没有法律约束力"，是指无效婚姻或者可撤销婚姻在依法被确认无效或者被撤销时，才确定该婚姻自始不受法律保护。因此，对于无效婚姻的确认，我国采取的是宣告主义，而非当然主义，即应当由法定程序宣告确认婚姻无效。根据最高人民法院印发的《民事案件案由规定》，当事人对涉及无效婚姻的纠纷可以向人民法院提起诉讼，即婚姻无效纠纷，人民法院对于经审查确属无效婚姻的，应当依法作出宣告婚姻无效的判决。

此外，重婚刑事案件所涉婚姻的情况较为复杂。由于婚姻登记程序的发展及各地婚俗观念和习惯的变化，在我国长期存在法律婚与事实婚两种婚姻状态。例如，对于两段婚姻均为事实婚或者重婚的婚姻属于事实婚的，在当事人未提出申请的情况下，一般无须专门宣告婚姻无效；对于实践中出现的两段婚姻均为法律婚的，或者重婚的婚姻系法律婚的，参考《最高人民法院、最高人民检察院、公安部、民政部关于妥善处理以冒名顶替或者弄虚作假的方式办理婚姻登记问题的指导意见》第一条第三款关于"人民法院对相关事实进行调查认定后认为应当撤销婚姻登记的，应当及时向民政部门发送撤销婚姻登记的司法建议书"的规定，也可以通过建议婚姻登记部门撤销的方式予以解决，且此种操作更具便利性。

综上所述，本案二审撤销原判在刑事判决中一并宣告婚姻无效，是正确的。

（撰稿：江苏省南京市中级人民法院　顾岚岚　周　晓
　　审编：最高人民法院刑三庭　鹿素勋）

[第 1588 号]

杨某盗窃案

——员工离职后利用公司未及时关闭系统使用权限的漏洞
预订机票的定性及既遂和未遂数额认定

一、基本案情

被告人杨某，男，1985 年××月××日出生，系北京某置业有限公司投资发展部原高级总监。2021 年 12 月 2 日被取保候审。

上海市黄浦区人民检察院指控被告人杨某犯诈骗罪，向上海市黄浦区人民法院提起公诉。

被告人杨某及其辩护人认为，杨某订票过程完全符合公司的规章制度，无犯罪故意，不符合诈骗罪的构成要件，不构成犯罪。

上海市黄浦区人民法院经审理查明：

国旅运通航空服务有限公司（以下简称国旅运通公司）于 2018 年 4 月起与上海 F 企业发展有限公司（以下简称上海 F 公司）签订协议，由国旅运通公司提供机票预订服务等，将其系统嵌入上海 F 公司系统，上海 F 公司及其下属公司员工需要出差时应以员工 OA 账户和密码登录公司 OA 系统提交出差申请，经上级领导审批通过后通过国旅运通公司预订机票并由上海 F 公司支付票价、手续费等费用。被告人杨某原系上海 F 公司下属北京某置业有限公司投资发展部高级总监，其于 2020 年 6 月 23 日向单位提出离职，并于同月 30 日与单位解除劳动关系。杨某于次日即

2020年7月1日在明知自己已无权通过公司OA系统预订机票并使用的情况下，利用公司未及时关闭其系统使用权限的漏洞，并以离职前已审批通过的出差事项，使用员工OA账户和密码登录公司系统，成功预订了11张机票，其中1张机票于当日被杨某取消预订。杨某于2020年10月使用了2张价值共人民币3600余元（以下币种均为人民币）的机票。上海F公司因此向国旅运通公司支付了10张机票的票价款2.0310万元及其他相关费用679元。

公安机关接上海F公司报案后电话通知被告人杨某，杨某于2020年12月2日前往上海市公安局黄浦分局接受调查并于次日被取保候审。案发后，上海F公司通过国旅运通公司追回杨某未使用的机票退款1.6139万元，杨某作了相应退赔。

上海市黄浦区人民法院认为，被告人杨某于2020年6月30日与单位解除劳动关系后，于次日利用原工作便利骗订机票，并能对所预订的机票予以使用，其行为已构成诈骗罪，且已既遂。案发后杨某能够进行退赔，可酌情从轻处罚。依照刑法第二百六十六条、第五十二条、第五十三条之规定，判决如下：

被告人杨某犯诈骗罪，判处拘役六个月，并处罚金人民币五千元。

一审宣判后，被告人杨某提出上诉。杨某及其辩护人认为，杨某不符合诈骗罪的构成要件。杨某主观上不具有非法占有目的，预订机票只是表达被公司要求离职后的不满，客观上也没有采用欺骗的方法使被害单位陷入错误认识处分财物。即使杨某系诈骗，数额也应区分既遂和未遂部分，杨某已使用的2张价值共3600余元机票金额系既遂数额，未使用的8张价值1.6万余元机票金额系未遂数额。杨某诈骗既遂和未遂的数额均未达到刑事追诉标准，主观恶性较小，情节显著轻微，涉及金额不大，且积极退赔，不应以犯罪论处。

上海市第二中级人民法院经审理查明的主要事实和证据与一审相同。另查明，国旅运通公司与上海F公司之间的协议中存在自动退票机制，即对于上海F公司超过预订行程三个月未使用、未改签的机票，国旅运通公司会通知上海F公司并自动退票，钱款退到原账户。上海F公司OA系统预订的机票在一年内可以改签、退票。至案发，被告人杨某未使用、未改签涉案价值1.6万余元的机票。

上海市第二中级人民法院认为，被告人杨某主观上具有非法占有目的，其行为不构成诈骗罪，而构成盗窃罪。杨某未使用欺骗方法让领导审批通过出差事项，也未使用虚假的员工OA账户和密码，公司并非基于错误认识让杨某预订机票。杨某离职后之所以能成功预订机票是利用领导先前已审批通过的出差事项，以及公司未及时关闭系统使用权限的漏洞，其行为具有秘密窃取的特征，符合盗窃罪的构成要件，不属于情节显著轻微危害不大、不认为是犯罪的情形。杨某已使用的2张价值共3600余元的机票金额应认定为犯罪既遂数额，已预订尚未使用的价值1.6万余元的机票金额应认定为犯罪未遂数额。杨某具有退赔情节，可以酌情从轻处罚。原判认定事实清楚，但是对杨某行为的定性、适用法律有误，应予纠正。依照刑事诉讼法第二百三十六条第一款第二项，刑法第二百六十四条、第五十二条、第五十三条之规定，判决如下：

一、撤销上海市黄浦区人民法院（2022）沪0101刑初94号刑事判决；

二、上诉人杨某犯盗窃罪，判处拘役六个月，并处罚金人民币五千元。

二、主要问题

（1）员工离职后利用公司未及时关闭系统使用权限的漏洞预订机票应如何定性？

（2）对于预订的机票中已使用和未使用的机票，是否应当区分既遂和未遂数额？

三、裁判理由

（一）被告人杨某的行为构成盗窃罪

对于被告人杨某离职后利用公司未及时关闭系统使用权限的漏洞预订机票的行为如何定性，在案件审理中形成以下三种意见。

第一种意见认为，被告人杨某在离职后的次日一天内预订了11张机票，有的机票出发时间、地点存在冲突，结合杨某提出其预订机票时情绪不好、想给公司添麻烦、让公司去退票的供述，其具有毁坏公司财产的意思，构成故意毁坏财物罪。

第二种意见认为，被告人杨某主观上具有非法占有目的，其在离职后冒充上海F公司员工，使用员工OA账户和密码登录公司系统，利用国旅运通公司为上海F公司提供机票预订服务取得机票，系三角诈骗，其行为构成诈骗罪。

第三种意见认为，被告人杨某主观上具有非法占有目的，其离职后利用领导先前已审批通过的出差事项，以及公司未及时关闭系统使用权限的漏洞，秘密预订机票的行为构成盗窃罪。

我们赞同第三种意见，主要理由如下。

1. 主观故意方面

故意毁坏财物罪与盗窃罪、诈骗罪区分的关键在于是否具有非法占有目的。故意毁坏财物罪的行为人主观故意是通过毁坏财物排除被害人对财物的占有，自己没有利用、占有财物的意思；而盗窃罪、诈骗罪的行为人具有非法占有目的，主观上有排除权利人并将他人的财物作为自己的财物进行支配、利用、处分的意思。

本案中，关于预订涉案机票的目的，被告人杨某的供述与辩解呈现出一个变化过程。其到案后在公安机关所作第一次供述中称，因领导已经审批出差行程，再预订机票无须通过领导审批，考虑自己以后出差可以使用机票，就预订了机票；之后供述提到预订机票是为了完成自己工作上未完成的业务，既为了公司，也为了以后维护自己的人脉；还供述是想好好表现，争取留在公司；在二审庭审中杨某又称，当时情绪不好，想给公司添麻烦，到时候让公司去退票。

分析认为，被告人杨某在明知自己于 2020 年 6 月 30 日已离职的情况下，仍于次日在公司系统中预订 11 张机票，其所谓的"为了公司""好好表现留在公司"的供述不符合常理。公司退票手续并不烦琐，一年未使用、未改签的机票国旅运通公司通过账户自动退票，故杨某所述给公司找麻烦的故意亦很难自圆其说。杨某于同年 10 月使用了 2 张机票，可见其主观上具有支配、利用和处分机票的意思。至于杨某预订的部分机票中存在出发时间、地点冲突的问题，结合国旅运通公司与上海 F 公司之间的协议，杨某对其预订的机票在一年内可以改签、退票，完全可以在之后需要乘坐飞机的时候改签。因此，综合判断杨某第一次供述比较真实，其非法占有的主观故意更符合案件客观情况，其行为不构成故意毁坏财物罪。

2. 客观行为方面

诈骗罪的基本构成为：行为人实施欺骗行为—对方（受骗者）产生错误认识—对方基于错误认识处分财产—行为人或第三者取得财产—被害人遭受财产损害。三角诈骗系受骗者（财产处分人）与被害人不是同一人的情况。三角诈骗的行为也必须符合诈骗罪的构成要件。

本案中，被告人杨某未使用欺骗方法让领导审批通过出差事项，未使用虚假的员工 OA 账户和密码，上海 F 公司和国旅运通公司并非基于错误认识让杨某预订机票。杨某离职后之所以能成功预订机票是利用领导先前已审批通过的出差事项，以及上海 F 公司未及时关闭系统使用权限的漏洞。同时，系统不可能存在错误认识，不能成为诈骗罪的受骗者。某种程度上，员工 OA 账户和密码相当于公司办公室钥匙，公司订票系统相当于公司办公室的门。杨某离职后秘密使用公司未及时关闭的员工 OA 账户和密码登录公司系统预订机票，如同其离职后公司未及时收回办公室钥匙，杨某使用这把钥匙打开办公室的门，将公司财物非法占为己有，应构成盗窃罪。

3. 诉讼程序方面

本案中,公诉机关以诈骗罪对被告人杨某提起公诉,一审法院也将杨某的行为定性为诈骗,杨某及其辩护人则坚持认为杨某无罪。《最高人民法院关于适用〈中华人民共和国刑事诉讼法〉的解释》第二百九十五条第三款规定,人民法院可以变更起诉指控的罪名,但是应当在判决前听取控辩双方的意见,保障被告人、辩护人充分行使辩护权。参照此条规定,二审庭审中,合议庭组织控辩双方围绕杨某的行为是否构成犯罪、构成何罪进行了充分辩论,保障杨某及其辩护人充分行使了辩护权。

(二)盗窃的既遂和未遂区分应综合权利人是否对财物失去实际控制以及行为人是否实际占有、支配财物两个方面进行判断

对于本案的既遂和未遂数额,在案件审理中也有两种不同意见。

第一种意见认为,对被告人杨某预订的机票金额应全部认定为既遂数额。因为上海F公司根据杨某预订的机票,通过票务公司已支付结算了相应的票价,公司的财产已转移为杨某的权益,杨某可以持本人身份证等材料,以乘机人身份直接向航空公司主张权利。

第二种意见认为,对于被告人杨某已使用的2张机票,因已被其实际占有并消费,金额应认定为既遂数额,而对于杨某已预订但尚未使用的8张机票因上海F公司并未对机票失去实际控制,金额应认定为未遂数额。

我们赞同第二种意见,主要理由如下。

盗窃犯罪是一种结果犯罪,既遂和未遂的区分标准是财产是否脱离财产所有人实际控制而被盗窃行为人所实际占有、支配。本案中,一方面,被告人杨某通过公司网络系统预订了机票,但是其真正要享受到航空公司提供的运输服务,还需实际使用机票乘坐飞机;另一方面,国旅运通公司与上海F公司之间存在退票机制,至案发,杨某使用了2张其已预订的机票,未使用的8张已预订机票其未作改签。可见,杨某实际

占有的是已享受到航空公司提供运输服务的 2 张机票，杨某至案发尚未实际占有另 8 张机票。虽然被害单位系报案后追回机票退款，但是根据上海 F 公司与国旅运通公司之间的自动退票机制，即使被害单位未报案，只要杨某未使用、未改签机票，钱款也会退到原账户，被害单位对该 8 张机票并未完全失去控制。故对杨某已使用的 2 张价值共 3600 余元的机票金额应认定为犯罪既遂数额，已预订尚未使用的价值 1.6 万余元的机票金额认定为犯罪未遂数额更为稳妥。

综上所述，二审法院根据案件的事实、性质、情节和对社会的危害程度，以盗窃罪判处被告人杨某拘役六个月，并处罚金人民币五千元，是正确的。

(撰稿：上海市第二中级人民法院　沈　言
审编：最高人民法院刑二庭　张　杰)

[第1589号]

林某袭警案

——袭警行为人主动给予受害民警民事赔偿并取得民警
个人谅解的，能否予以从宽处罚

一、基本案情

被告人林某，男，1989年××月××日出生，无业。2021年9月30日被刑事拘留，同年10月5日被取保候审。

上海市普陀区人民检察院以被告人林某犯袭警罪，向上海市普陀区人民法院提起公诉。

被告人林某对指控事实、罪名及量刑建议均无异议。

上海市普陀区人民法院经审理查明：2021年9月29日20时许，被告人林某在上海市普陀区××号三楼过道内，与邻居产生纠纷后报警，上海市公安局普陀分局石泉路派出所民警刘某、胡某某接警后到现场处置。其间，林某无视刘某劝阻，推搡并脚踢刘某裆部，致刘某轻微伤。

上海市普陀区人民法院认为，被告人林某暴力袭击正在依法执行职务的人民警察，其行为已构成袭警罪。林某到案后如实供述自己的罪行，愿意接受处罚，依法可从轻处罚。依照刑法第二百七十七条第五款、第六十七条第三款及刑事诉讼法第十五条之规定，对被告人林某以袭警罪判处有期徒刑八个月。

一审宣判后，被告人林某提出上诉，请求对其判处缓刑。辩护人认为,案发后林某主动向受害民警赔礼道歉并赔偿损失,取得谅解;另根据刑事诉讼法第二百九十条的规定,对于达成和解协议的案件,可以依法对被告人从宽处罚;林某袭警系因邻居先动手,导致其酒后情绪失控所致,主观恶性较小,且自愿认罪认罚,系初犯;综上所述,建议对其改判缓刑。

上海市第二中级人民法院经审理查明的事实及证据与原判决相同。另查明,二审收到受害民警刘某出具的谅解书,以其个人名义对上诉人林某袭警行为造成的人身侵权表示谅解。该院经审理认为,原审法院认定原审被告人林某构成袭警罪的事实清楚,证据确实、充分。原判决根据林某的犯罪事实、犯罪性质、危害后果以及坦白、认罪认罚等情节所作的定罪量刑均无不当,且审判程序合法。故林某的上诉理由及其辩护人的辩护意见均不成立,不予支持。据此,依照刑事诉讼法第二百三十六条第一款第一项之规定,裁定驳回上诉,维持原判。

二、主要问题

袭警行为人主动给予受害民警民事赔偿并取得谅解的,能否予以从宽处罚?

三、裁判理由

本案被告人林某暴力袭击正在依法执行职务的人民警察的事实清楚、证据确实、充分,以袭警罪定罪不存在争议。但在量刑上,能否依据林某主动给予受害民警民事赔偿并取得谅解的情节,对林某从宽处罚并适用缓刑,存在认识分歧。

一种意见认为,对于遭受伤害的人民警察而言,对致其受伤的行为自然可予以谅解,故可据此对行为人从宽处罚,建议改判缓刑。

另一种意见认为,民警个人可对造成其人身损害的行为人表示谅解,但无权处分受损的国家公权力和正常管理秩序,亦无权代表国家"原谅"袭警行为人,因此不足以对林某从宽处罚。

我们赞同后一种意见,即民警个人的谅解并不必然产生对行为人从宽处罚的量刑结果,具体分析如下。

(一)受害民警以个人名义出具谅解书,不能修复受损的执法秩序和权威

刑法关于袭警罪的规定明确指出,行为人所暴力袭击的对象必须是"正在依法执行职务"的人民警察,而非单纯以暴力袭击人民警察。从构成要件角度看,如果行为人仅仅以暴力袭击人民警察,但并未对其合法职务行为造成妨碍,遵循罪刑法定原则,将不会认定构成本罪,而是基于其暴力袭击人民警察造成的人身损害,以故意伤害罪定罪处罚。从本质上看,人民警察仅是本罪犯罪行为指向的对象,立法目的主要在于保护人民警察所执行的职务或者说是该职务的顺利执行。袭警行为不同于一般的故意伤害行为,行为人以暴力袭击民警个人为手段,妨碍人民警察正在依法执行的公务,其侵犯的不仅仅是人民警察个人的人身权利,更侵犯了人民警察的执法权威。因此,就袭警罪侵犯的客体而言,行为人在造成民警人身伤害的同时,已然严重侵犯了公安机关正常的执法秩序和权威,两者不可分割,具有一体性。民警以个人谅解行为对其所受损的人身权利进行处分,接受行为人民事赔偿、赔礼道歉等,是其个人民事权利,但仅代表对民警个人法益在某种程度上的修复,并不意味着被破坏的公安机关执法秩序和权威得到修复。

本案中,被告人林某因与邻居产生纠纷报警,在民警到场处置过程中,推搡并脚踢民警刘某裆部,暴力袭警行为具有积极性和突然性,且攻击民警要害部位,并造成了轻微伤后果。其间,民警的执法记录仪、公务手机等警用装备均掉落在地。林某的袭警行为客观上已经妨碍了公安机关的正常执法秩序,损害了执法权威,对此危害后果民警个人无权代为处分,民警个人对行为人的谅解无法修复受损的执法秩序和权威,而仅是民警个人对其人身权利的处分。

（二）本案中受损的公安机关正常执法秩序只能通过刑法规制予以强制性维护

犯罪的本质是侵犯法益，刑法的任务是保护法益，犯罪行为致法益被侵犯后，被害人在犯罪人真诚悔罪和赔礼道歉前提下，以书面形式表示谅解并请求法院对犯罪人从宽处罚，所达成的刑事谅解是我国刑事诉讼中重要的量刑情节。刑事谅解必须建立在被侵犯的法益具有可处分性的基础上，即受损法益必须是被害人个体可以处分的法益。刑法法益可分为国家法益和个人法益两类，如人的生命健康属个人法益，社会的良好秩序则属国家法益。以个人法益为主的犯罪，个人能让与和支配其个人法益，但国家法益具有不可让渡性，个人无让与支配的权利。

就本案而言，袭警行为一经实施，其对执法秩序所造成的破坏进而对社会产生的消极影响便已然形成，这一客观事实具有既定性和不可逆性，无法弥补和恢复。本案中，受损的公安机关执法权威所代表的是国家正常执法管理秩序属于国家法益，而非某个自然人或法人的一般人格权，任何个人和组织均无权对此作出处分，受损的国家法益亦不具备赔偿、谅解的交易基础。根据刑事诉讼法第二百八十八条的规定，公诉案件刑事和解制度适用的案件范围仅限于因民间纠纷引起的，涉刑法分则第四章、第五章所规定的可能判处三年有期徒刑以下刑罚的案件，以及除渎职犯罪以外的可能判处七年有期徒刑以下刑罚的过失犯罪案件。因此，本案亦无适用刑事和解的法律空间。

综上所述，袭警行为对人民警察执行职务的影响和所侵犯的执法秩序、权威，无法通过任何形式的谅解行为或刑事和解进行修复。为避免人民警察在执行职务时遭受犯罪分子暴力侵害，切实维护公安机关执法尊严和国家法律秩序，保障人民警察依法履职和维护国家法律秩序，对袭警犯罪行为应严格依法追究刑事责任。

（三）应依据全案事实综合判断，从严把握酌情从宽幅度

从针对暴力袭警行为的刑事立法进程来看，我国当前对袭警违法犯罪持从严打击的立法倾向。刑法修正案（十一）将暴力袭警行为从原来的妨害公务罪从重处罚条款中分离出来单独成罪，增设了袭警罪，设置独立法定刑且加重处罚，旨在应对近年来袭警行为多发的严峻现状与回应社会各界要求严惩袭警犯罪的强烈呼声，是晓谕公民尊重警察执法活动的明确宣言。2019年《最高人民法院、最高人民检察院、公安部关于依法惩治袭警违法犯罪行为的指导意见》中，多处规定和整体精神亦体现出从严惩处袭警违法犯罪行为的政策导向，提出要准确认识袭警行为对于国家法律秩序的严重危害，从严追究刑事责任。在此背景下，我们认为，对于袭警犯罪，司法机关应当从严把握酌情从宽幅度。具体而言，虽然执法民警的人身权利或财产权利由于袭警行为而直接遭受损害，其作为被害人的权利应受法律保障，包括有权提起附带民事诉讼、有权委托诉讼代理人、有权获得民事赔偿等，法律也并未禁止公务人员自行处分其在依法执行职务时受到侵害的个人法益，如接受侵害人赔礼道歉、赔偿损失等，但不能将受害民警个人对犯罪分子的谅解作为对袭警犯罪必然从宽处罚的依据。

司法实践中，对袭警罪能否适用刑事和解存在一定争议。检索发现，对于袭警行为人主动赔偿受害民警并取得谅解的，有裁判排除适用刑事和解，有裁判虽不排除适用刑事和解但不作为从宽处罚的依据，也有裁判适用刑事和解并据此予以从宽处罚。由于司法机关对该问题的适法不统一，袭警行为发生后，社会上亦对争取受害民警谅解存在诸多认识误区和不合理期待，有的以赔偿谅解作为获得从轻处罚的手段，而谅解后未获从宽处罚的犯罪分子还会要求受害民警返还赔偿。上述种种乱象背离了刑事和解适用的初衷，严重破坏了执法统一和权威，同时，受害民警接受犯罪分子的赔礼道歉并予以谅解的行为是否会间接影响人民警察执法威严，在一定程度上触及国家和社会公共利益，进而给社会安全和秩序带来不良影响，值得反思。

我们认为，袭警行为人案发后主动要求对受害民警进行民事赔偿并取得谅解，其积极价值仅在于某种程度上表明了行为人认罪悔罪的态度，但赔礼道歉、获得被害民警谅解只能视为犯罪人为悔罪而作出的努力及诚意,仅是判断其是否真诚悔罪的依据,并不必然产生对其从宽处罚的量刑结果。本案中,被告人林某一审如实供述自己的罪行,对指控事实、罪名及量刑建议均无异议,自愿认罪认罚,法院在量刑时已结合林某的认罪悔罪态度予以了综合考量。二审虽查明林某对受害民警进行赔偿并取得民警个人谅解,但基于对该谅解从宽处罚予以从严把握,综合上述情节,认为对林某不足以判处缓刑,作出维持原判的裁定是妥当的。

(撰稿:上海市第二中级人民法院　黄伯青　李　洁
　审编:最高人民法院刑四庭　姚龙兵)

[第1590号]

李某帮助毁灭、伪造证据案

——为掩盖自己犯罪行为，通过一般的嘱托、请求等方式指使他人作伪证之行为性质的认定

一、基本案情

被告人李某，男，19××年××月××日出生，景德镇市第二人民医院原保卫科副科长。2021年3月5日被取保候审。

江西省景德镇市昌江区人民检察院指控被告人李某犯帮助毁灭、伪造证据罪和妨害作证罪，向江西省景德镇市昌江区人民法院提起公诉。

被告人李某对指控的事实、罪名无异议，并表示愿意接受处罚。其辩护人提出，李某指使他人作虚假证言是为了掩盖自身毁灭、伪造证据的事实，公诉机关对李某帮助他人毁灭、伪造证据和指使他人作虚假证言的行为分别定罪属于重复评价。

江西省景德镇市昌江区人民法院经审理查明：

冯某芬因对其父亲在景德镇市第二人民医院（以下简称二院）的疾病治疗效果不满向医疗纠纷调处中心申请调处，后双方协商共同委托第三方进行过错鉴定。等待鉴定意见期间的2014年2月26日下午，冯某芬和母亲李某凤纠集亲友十余人在二院行政大楼与医疗纠纷调处中心办公室工作人员高某发生争执与撕扯，造成李某凤倒地受伤。被告人李某旁观纠纷过程并目睹李某凤倒地后，为隐瞒相关事实，安排负责医院监控

维护的某科技公司派人删除相关视频监控，某科技公司人员周某经李某同意后将行政楼视频监控存储硬盘格式化。李某随后联系监控室工作人员熊某，告知若有人调取监控就回复系新安装尚未投入使用，致使出警公安民警未能调取到监控。在随后的公安机关调查中，李某为证实"监控系新安装尚未投入使用"，再次安排监控安装方刘某平、监控室工作人员熊某作虚假证言，并伪造监控增补合同及造价单。

2014年3月10日，李某凤损伤程度经鉴定为轻伤二级，家属冯某芬要求追究相关人员责任。李某凤受伤一事因双方各执一词，无法认定犯罪事实而未能立案。后冯某芬对二院删除视频监控行为进行控告。2020年11月，公安机关查证被告人李某的犯罪事实。因李某的行为造成李某凤受伤案无法查清，李某凤的亲属冯某芬多次到政法机关闹访，严重影响社会秩序，造成恶劣社会影响。

江西省景德镇市昌江区人民法院认为，被告人李某为掩盖同事在医患纠纷调处中导致李某凤受伤的详细经过，安排他人格式化删除事发视频监控，并伪造监控安装施工合同，致使公安机关无法查清李某凤受伤的事实，进而导致李某凤的家属持续向政法机关闹访，造成恶劣社会影响，其行为构成帮助毁灭、伪造证据罪。被告人李某为掩盖自己的犯罪行为，电话指使他人在公安机关作虚假陈述，鉴于李某系通过一般的电话嘱托方式，并未使用暴力、威胁、贿买等手段，且该行为与其此前格式化视频监控行为之间具有高度关联性，犯罪动机和主观目的具有延续性，不宜单独作为犯罪处理。依照刑法第三百零七条第二款、第六十七条第一款、第七十二条、第七十三条之规定，判决如下：

被告人李某犯帮助毁灭、伪造证据罪，判处有期徒刑一年十个月，缓刑二年。

宣判后，被告人未提出上诉，公诉机关亦未抗诉。判决已发生法律效力。

二、主要问题

行为人为掩盖自己的犯罪行为，通过一般的嘱托、请求等方式，指使他人作伪证是否构成妨害作证罪？

三、裁判理由

帮助毁灭、伪造证据罪和妨害作证罪规定于刑法分则第六章妨害社会管理秩序罪第二节妨害司法罪中的第三百零七条，两罪在行为性质、社会危害、表现形式上具有一定的相似性。例如，侵犯的法益均为国家司法活动的客观公正性，毁灭、伪造证据亦可能是妨害作证的手段行为，尤其是当帮助毁灭、伪造证据罪与妨害作证罪中行为人身份重合时，对相关行为性质的认定容易产生混淆和歧义。针对本案被告人李某行为性质的认定，存在两种不同观点。

第一种观点认为，被告人李某目睹纠纷过程后，明知视频监控对查清李某凤受伤的事实具有重要作用，仍安排他人格式化视频监控，并伪造增补合同，其行为构成帮助毁灭、伪造证据罪。李某此后为掩盖自己的犯罪事实，通过电话指使他人作虚假陈述，妨害了司法秩序，其行为还构成妨害作证罪，故对李某应实行二罪并罚。

第二种观点认为，被告人李某指使他人格式化删除视频监控，并伪造增补合同的行为构成帮助毁灭、伪造证据罪。李某此后电话指使他人作虚假陈述的行为系掩饰先前犯罪的手段行为，该行为与格式化视频监控行为之间具有高度的关联性、延续性，且李某系采用一般的嘱托、请求的方式，而非妨害作证罪中的暴力、威胁、贿买等方式，因而不宜将李某电话指使他人作虚假陈述的行为单独作为犯罪评价。

我们同意第二种观点。

（一）李某的行为构成帮助毁灭、伪造证据罪

根据刑法理论的基本要求，对相关行为是否认定为犯罪进而科处刑罚，应严格按照犯罪构成理论，并结合在案证据予以综合判断。

1. 主观要件

帮助毁灭、伪造证据罪系故意犯罪，要求行为人主观上认识到自己实施的是毁灭、伪造证据的行为，且将妨害到司法活动的客观公正性，即对毁灭、伪造证据的结果持希望或放任的态度。需要特别注意的是，本罪中的"帮助"是一种独立的实行行为，与共同犯罪中帮助犯的"帮助"具有不同的含义。刑法之所以使用"帮助"，旨在对当事人和当事人以外的行为主体实施毁灭、伪造证据的行为性质作出区分。此外，本罪并不要求行为人明确知道帮助对象是否实施了犯罪，只需概括地知道可能有犯罪行为发生或具有犯罪嫌疑即可，同时也不要求被帮助人知晓、同意行为人实施毁灭、伪造证据的行为。在认识程度上，本罪系危险犯，只要求认识到行为具有妨害司法活动的现实危险，并不要求认识到已经产生妨害司法活动客观公正的危害后果。本案中，李某目睹了纠纷过程，主观上明知可能有犯罪行为，视频监控对还原事实具有重要作用，但仍积极、主动地指使他人格式化案发现场视频监控，并伪造增补合同，帮助毁灭、伪造证据犯罪的主观故意明显。

2. 客观要件

帮助毁灭、伪造证据罪的行为特征表现为帮助当事人毁灭、伪造证据。综合立法目的、刑法解释等，毁灭、伪造应包括导致证据物理形态消失、证明能力丧失和降低、证据价值减少和消失、有形无形地编造伪造等一切妨碍证据功能发挥的行为。与此同时，刑法并未对本罪中的"证据"内涵作出限定，司法实践中不应局限于已经查证属实、作为定案根据的证据，还应包括尚未进入诉讼程序的证据资料等。本案中，虽然李某指使他人格式化删除的视频监控和伪造的增补合同尚未正式进入诉讼程序，但该证据资料对认定李某凤受伤具有重要作用，李某的行为使该证据资料的证明价值消失，符合帮助毁灭、伪造证据罪的客观表现。需要注意的是，本罪以"情节严重"为入罪条件，但当前法律和司法解释对"情节严重"并未作出界定，司法实践中可以将帮助毁灭、伪造重大案件证据、重要证据、多项证据，多次帮助毁灭、伪造证据以及帮助毁灭、伪造证据造成严重后果、恶劣社会影响等认定为"情节严重"。本案中，李某的行为造成李某凤受伤案无法查清，进而致使李某凤的家属持续到政法机关闹访，造成司法资源的严重浪费和恶劣社会影响，构成帮助毁灭、伪造证据罪的"情节严重"。

3. 犯罪客体

帮助毁灭、伪造证据罪的帮助行为对象为当事人。目前相关法律、司法解释并未对当事人的含义作出具体解释和限制性规定，虽然"当事人"概念一般存在于诉讼过程中，但帮助毁灭、伪造证据罪的立法本意系打击妨害司法活动正常秩序的行为，事实上，无论是刑事诉讼或是民事诉讼、行政诉讼，帮忙毁灭、伪造证据的行为通常均发生在立案侦查或提起诉讼前，因而对"当事人"应作适度的扩大解释，涵括将来可能和已经进入诉讼过程中的相关人员。基于对"当事人"含义的理解和认定，行为人实施帮助行为的时间既可是诉讼活动之中，也可是诉讼活动之前。本案中，李某为帮助可能进入诉讼程序的同事掩盖纠纷事实，指使他人格式化删除视频监控，并伪造增补合同，符合帮助毁灭、伪造证据罪的客观对象。

（二）李某的行为不构成妨害作证罪

1. 李某通过嘱托、请求的方式指使他人作虚假陈述的行为不符合妨害作证罪的构成要件

妨害作证罪侵犯的是国家司法机关正常的诉讼活动秩序和公民依法作证的权利，根据刑法第三百零七条第一款的规定，妨害作证罪在行为方式上表现为以暴力、威胁、贿买等方法阻止证人作证或者指使他人作伪证。但司法实践中，妨害作证的行为方式多种多样，除暴力、威胁、贿买外，还有要挟、色诱、嘱托、请求等。因此，对该条款中"暴力、威胁、贿买等方法"是否同时界定阻止他人作证和指使他人作伪证存在两种观点。第一种观点认为，妨害作证罪的客观罪行包括以暴力、威胁、贿买等方法阻止证人作证和指使他人作伪证；第二种观点认为，"暴力、威胁、贿买等方法"既是对阻止证人作证行为方式的限定，也是对指使他人作伪证行为方式的限定。

我们赞成第二种观点。首先，妨害作证罪的罪状中并无类似情节严重、情节恶劣等入罪条件，根据文义解释以及综合妨害作证罪的社会危害和量刑标准，"暴力、威胁、贿买等方法"应理解为对阻止证人作证和指使他人作伪证两种行为方式的共同限定。如将行为人通过一般的嘱托、请求等方式阻止或指使他人作伪证，但并未造成严重后果的行为全部认定为妨害作证罪，将造成打击面过宽和罪责刑失衡的问题，有违刑法的谦抑性。立法机关亦认为，"指使他人作伪证"是指以暴力、威胁、贿买或者其他方法让他人为案件提供与事实不符的虚假证明。① 其次，鉴于妨害作证罪系为了维护诉讼秩序而增设，可借鉴参考民事诉讼和行政诉讼中对作伪证行为方式的界定，民事诉讼法第一百一十四条和行政诉讼法第五十九条对作伪证的手段限定为"指使、贿买、胁迫他人"。上述手段与刑法妨害作证罪中指使他人作伪证的行为方式具有异曲同工之处，同时举轻以明重，作为刑事犯罪的指使他人作伪证的入罪标准和要求应比民事诉讼和行政诉讼类似行为严格。

此外，刑法第三百零七条第一款列举了常见的三种妨害作证的方法，同时以"等方法"表示列举未尽，但未列举的行为方式应与"暴力、威胁、贿买"行为在程度和危害性上具有相当性。对行为人采取一般的劝告、嘱托、请求等方式阻止他人作证或者指使他人作伪证的，一般不以妨害作证罪论处。本案中，李某在公安机关调查中隐瞒事实，并通过电话嘱托、请求的方式指使他人在公安机关作虚假陈述，但其并未使用妨害作证罪中界定的暴力、威胁、贿买等方法。因此，李某指使他人作虚假陈述的行为方式与妨害作证罪中界定的行为方式不相符，依法不构成妨害作证罪。

2. 李某通过嘱托、请求的方式指使他人作虚假陈述可评价为事后不可罚行为

事后不可罚行为是指在同一的犯意支配下，在主行为实施完成后，

---

① 全国人大常委会法制工作委员会刑法室编著：《〈中华人民共和国刑法〉释义及实用指南》，中国民主法制出版社2016年版，第560页。

又实施的一个没有超出原法益范围和程度,继续保持或利用其不法状态的从行为。鉴于事后不可罚的从行为与主行为之间存有吸收关系,因此失去了被独立评价的意义。本案中,李某基于掩饰医患纠纷处理中造成李某凤受伤的同一犯意,实施了安排他人格式化视频监控的主行为,后为了掩饰其犯罪行为,继续保持不法状态,又实施了指使他人作虚假陈述的从行为。但从行为并没有侵犯新的法益,也没有加重或扩大原法益侵害,也就是说李某指使他人作伪证的从行为并没有超出帮助毁灭、伪造证据主行为侵犯的法益范畴,其不法内涵已被主行为所包涵,因而可将李某指使他人作虚假陈述的从行为理解为不可罚的事后行为,仅对其安排他人格式化视频监控的主行为予以处罚。

(撰稿:江西省景德镇市中级人民法院　曾凡斌
审编:最高人民法院刑五庭　汪　斌)

[第 1591 号]

叶某某虚假诉讼案

——如何正确认定跨多个民事案件的虚假诉讼行为

一、基本案情

被告人叶某某，男，1957 年××月××日出生。2015 年 7 月 23 日因犯伪造国家机关证件、印章罪，伪造公司、企业印章罪被判处有期徒刑三年四个月，2017 年 10 月 19 日刑满释放。2023 年 3 月 16 日因本案被逮捕。

浙江省嵊州市人民检察院指控被告人叶某某犯虚假诉讼罪，向浙江省嵊州市人民法院提起公诉。

被告人叶某某否认公诉机关指控的犯罪事实，辩称涉案银行流水非其伪造。辩护人在尊重被告人自身辩解的情况下作罪轻辩护。

浙江省嵊州市人民法院经审理查明：

第一阶段：2012 年 11 月 30 日，嵊州市人某置业有限公司与被告人叶某某及胡某某签订商品房买卖合同，约定叶某某、胡某某购买嵊州市某小区 3 幢 1 单元 101 室房屋和 3 幢 09 号车棚。因叶某某、胡某某违约，2018 年 5 月，嵊州市人某置业有限公司向浙江省嵊州市人民法院提起诉讼，请求解除与叶某某、胡某某之间的商品房买卖合同等。叶某某在诉讼时向浙江省嵊州市人民法院提供了伪造的销售不动产统一发票。浙江省嵊州市人民法院经审理认定叶某某、胡某某已支付购房款 60.2490 万元及利息3万元，对叶某某伪造的发票未予认定，并于2018年8月21日判决解除原商品房买卖合同，叶某某、胡某某支付跌价损失10万元。后叶某某向浙江省绍兴市中级人民法院提起上诉，并要求嵊州市人某置业有限公司返还购房款103.0102万元。绍兴市中级人民法院经审理认为，叶某某、胡某某关于在60.2490万元之外还支付其余购房款的主张不能成立，并认为叶某某、胡某某作为原审被告在二审程序中提出要求返还相应购房款并支付利息，被上诉人不同意在二审中就反诉请求进行调解，叶某某、胡某某可就此另行主张。绍兴市中级人民法院于2018年11月7日驳回上诉，维持原判。2019年，嵊州市人某置业有限公司依法返还叶某某一方购房款53.2490万元。

第二阶段：2022年11月，被告人叶某某以上述伪造的发票及伪造的银行流水等证据向浙江省嵊州市人民法院提起诉讼，要求嵊州市人某置业有限公司（已于2021年12月30日注销）股东刘某某、曹某某返还购房款149.9624万元，并申请财产保全。嵊州市人民法院依申请于2022年11月24日查封了刘某某名下的房产，后嵊州市人民法院认为叶某某、胡某某据以起诉的银行流水存在伪造嫌疑，于2022年12月19日依职权解除对上述房产的查封。

浙江省嵊州市人民法院审理认为，被告人叶某某以捏造的事实提起民事诉讼，妨害司法秩序、严重侵害他人合法权益，其行为已构成虚假诉讼罪，应依法惩处。公诉机关指控的罪名成立，应予支持。依照刑法第三百零七条之一第一款之规定，判决：叶某某犯虚假诉讼罪，判处有期徒刑一年八个月，并处罚金人民币五万元。

宣判后，被告人叶某某未提出上诉，检察机关未提出抗诉，判决现已生效。

二、主要问题

对被告人叶某某第一阶段的行为如何定性，以及能否将第一阶段与第二阶段的行为整体评价为虚假诉讼行为？

三、裁判理由

本案被告人叶某某在诉讼中捏造事实的行为可分为两个阶段。第一阶段：2018年5月，在嵊州市人某置业有限公司起诉要求解除商品房买卖合同时，被告人提交伪造的发票主张其支付的购房款，发票金额高于实际支付的购房款数额，同时在一审法院作出判决后，继续以伪造的发票提出上诉，要求返还购房款。第二阶段：2022年11月，在嵊州市人某置业有限公司已经依法返还被告人全部款项的情况下，被告人仍以伪造的证据材料提起诉讼，要求继续返还购房款并申请财产保全，导致刘某某的房产被查封。

对于第二阶段，被告人隐瞒债务已经全部清偿的事实，向人民法院提起诉讼，要求对方履行债务，致使人民法院基于捏造的事实采取财产保全，符合《最高人民法院、最高人民检察院关于办理虚假诉讼刑事案件适用法律若干问题的解释》（以下简称《解释》）第一条第二款以及第二条第一项的规定，属于典型的应予刑事打击的虚假诉讼行为。

对于第一阶段被告人在诉讼中提交伪造证据等行为能否认定为虚假诉讼行为，本案处理过程中存在争议。有观点认为，被告人第一阶段及第二阶段的行为均是基于同一事实及同一法律关系引发的，第二阶段的虚假诉讼行为系第一阶段行为的延续，应当将两个阶段的行为作为虚假诉讼犯罪行为予以整体评价。

我们认为，对于跨多个民事诉讼案件的涉虚假诉讼行为，应当结合虚构的具体事实、对司法秩序造成的影响及行为的延续性等因素，综合评判是否均属于虚假诉讼犯罪行为。《解释》将虚假诉讼犯罪限定为基于"无中生有"的事实提起民事诉讼的行为。就本案而言，对被告人第一阶段行为的定性，不仅影响对被告人犯罪情节的认定，还直接影响被告人是否成立累犯。根据刑法和司法解释的有关规定，本案中，被告人在第一阶段的行为不能认定为虚假诉讼行为，两个阶段的行为不能整体评价，具体理由为：首先，在第一阶段，被告人支付购房款的事实实际存在，被告人提交伪造的发票主张其支付购房款高于实际支付款项的行为属于"部分篡改",并非"无中生有";同时,被告人在嵊州市人某置业有限公司起诉解除购房合同时提出相应辩解及主张,属于民事答辩的范畴,并非刑法第三百零七条之一第一款规定的"提起诉讼",故不能认定为虚假诉讼行为。其次,虚假诉讼中"捏造的事实",应当是足以对起诉能否获得人民法院受理以及对人民法院作出何种裁判结果产生影响的事实。虽然第一阶段中,被告人对一审判决不服提起上诉,并依据伪造的证据材料要求返还购房款,但因其系在二审过程中提出,二审审理范围原则上不超出一审之诉,二审法院未对被告人返还购房款的主张予以处理,故被告人的行为不足以达到获得人民法院受理以及对裁判结果产生影响的程度,难以认定为虚假诉讼行为。最后,被告人于2018年11月7日被驳回上诉,时隔四年之后提起第二阶段之诉,时间上不具有紧密性,不应视为第一阶段行为的延续。

综上所述,法院认为被告人叶某某的第一阶段行为不能认定为虚假诉讼行为,且不能将第一阶段与第二阶段的行为整体评价,被告人不构成累犯,是正确的。

(撰稿:浙江省嵊州市人民法院刑庭　全周爽　丁可为
　　审编:最高人民法院刑四庭　李加玺)

[第 1592 号]

王某某贪污案

——非法截留捐赠的财物应如何定性及处置

一、基本案情

被告人王某某，男，19××年××月××日出生，汉族，曾任某市交通运输委员会党委书记、主任。2022年2月26日被逮捕。

公诉机关河南省驻马店市人民检察院指控被告人构成受贿罪、利用影响力受贿罪和贪污罪。

被告人及辩护人对指控的事实和罪名无异议，自愿认罪认罚，建议法院对其从宽处罚。

法院经审理查明（以下为贪污部分事实，受贿、利用影响力受贿的事实部分略）：

2014年1月，某公司向王某某所在某行政单位捐赠一辆价值55万元的中巴车。王某某利用担任负责人的职务之便，安排人将该车登记在张某某实际控制的一公司名下，交由王某某外甥刘某保管，供王某某个人及亲友使用。经价格认定结论书认定，案发时该车二手车交易市场价格为8万元。

河南省驻马店市中级人民法院认为，被告人王某某在担任某行政机关负责人期间，利用职务便利，将某公司捐赠给其单位的一辆价值55万元的中巴车占为己有,安排将该车登记在他人公司名下供其个人及亲友使用,数额巨大,其行为已构成贪污罪。王某某主动交代了办案机关尚未掌握的利用影响力受贿罪及贪污罪的事实,系自首。王某某自愿认罪认罚,并积极退赃,真诚认罪悔罪。(其他定罪量刑意见略)判决如下:

一、被告人王某某犯贪污罪,判处有期徒刑二年,并处罚金人民币十万元。(其他罪及数罪并罚部分略)

二、被告人王某某受贿、利用影响力受贿、贪污犯罪所得的赃款、赃物依法予以追缴,上缴国库。剩余赃款(含车辆减损价值)继续追缴。

宣判后,被告人王某某未提出上诉,检察机关亦未提出抗诉。判决已发生法律效力。

二、主要问题

(1)对于私自截留捐赠财物的行为,应定性为贪污罪还是受贿罪?

(2)对涉案财物该如何处置,是返还被害单位还是予以追缴、上缴国库?

(3)涉案贪污犯罪所得车辆应如何追缴?

三、裁判理由

(一)私自截留捐赠财物的行为应定性为贪污,而非受贿

公益事业捐赠法第十条第一款规定:"公益性社会团体和公益性非营利性的事业单位可以依照本法规定接受捐赠。"本案被告人王某某所在单位作为行政机关依法不能作为公益事业捐赠法规定的受益对象。对于王某某私自截留捐赠物的行为性质认定,有两种不同的观点。

第一种观点认为,被告人王某某构成受贿罪。根据民法典有关规定,车辆作为特殊动产,交付才发生所有权转移的效果,且登记才能对抗第三人。涉案中巴车实际上未交付给王某某所在单位,也未登记在王某某

单位名下，而是应王某某要求登记在他人公司名下供王某某及其亲友使用。从所有权的归属来看，涉案中巴车自始至终没有成为王某某所在单位的财物，事实上和王某某所在单位不存在权属关系，应为捐赠人赠给王某某个人的受贿所得。而且如本案定性为贪污罪，那么应当推定涉案中巴车为接受捐赠单位的合法财产，但实际上该车辆因违反公益事业捐赠法的规定不能成为接受捐赠单位的合法财产，故将本案定性为贪污罪的观点本身存在自相矛盾之处，本起犯罪事实应认定为受贿行为，涉案中巴车应为王某某受贿所得。

第二种观点认为，被告人王某某构成贪污罪。涉案中巴车系捐赠人捐赠给被告人王某某所在单位的财物。从捐赠人初衷来看，某公司系为感谢王某某所在单位抢修其周边道路而捐赠中巴车供王某某所在单位改善出行使用，捐赠目的和接受捐赠的主体是既定和确定的，接受捐赠的主体系王某某所在单位而非王某某个人。根据民法典有关规定，捐赠合同是诺成性合同，双方意思表示一致合同即成立，捐赠合同的成立并生效无须交付。本案捐赠人已经作出捐赠的意思表示，接受捐赠的主体亦同意接受，双方意思表示已经达成一致，该捐赠合同已经成立并生效，涉案财物中巴车在法律上已成为王某某所在单位的财物。而王某某利用其作为单位负责人的职务便利条件，私自截留并占有原本赠送给其单位的财物，使该车辆长期脱离单位监管控制并实际上被王某某长期占有并使用，王某某非法占有单位财物的故意明显，应定性为贪污罪。

我们赞同后一种观点，理由如下。

首先，捐赠合同是诺成性合同，涉案中巴车系捐赠人捐赠给被告人王某某所在单位的财物，双方意思表示一致，合同即成立。赠与合同赋予赠与人在赠与财产的权利转移之前撤销赠与的权利，是合同成立后的撤销权。被告人王某某将该车辆登记在他人公司名下，系其利用职务便利实施侵吞单位财物行为的一种隐蔽行为方式，并不代表捐赠人撤销了对王某某所在单位的捐赠而将财物转而捐赠给他人公司。因此，涉案的中巴车本质上仍应属于被告人王某某所在单位的公共财物。

其次，受贿罪论和贪污罪论争议的焦点实质上是违反公益事业捐赠法规定的捐赠财物是否可以成为贪污罪的对象。王某某所在单位作为行政机关，不属于公益事业捐赠法规定的可接受捐赠主体，在党的十八大之后，党政机关接受捐赠，且未按规定移交，属于违反"八项规定"的情形，本案捐赠财物应当由纪检部门进行界定，并应依照相关纪律规定作出相应的处置。但是，不能因捐赠财物违反公益事业捐赠法即将该捐赠财物排除在刑法的保护范围之外。刑法上的财产，更多强调的是财产的经济价值性，而非合法性。即便是不受民法所保护或为相关行政法规所明文禁止持有的财物，甚至是赃物、违禁品等，只要具有一定的经济价值，并且与刑法的基本保护精神不相违背，也同样可以成为财产犯罪的对象，应当受到刑法的保护。

综上所述，涉案财物系捐赠人捐赠给被告人王某某所在单位的财物，尽管违背了相关规定，但仍属单位的公共财物和刑法所保护的对象。王某某私自占有公共财物，具备贪污罪的构成要件。本案定性为贪污罪，并不存在自相矛盾之处。相反，捐赠人出于感激等原因捐赠，并不具有向王某某个人送出财物以谋取不正当利益的主观目的，案件本身也不是行贿与受贿的关系，不符合受贿罪的犯罪构成。

(二) 对涉案财物车辆应予以没收上缴国库

本案犯罪所得涉案的中巴车应上缴国库还是返还被害单位，在审理过程中存在争议。

根据刑法第六十四条的规定，犯罪分子违法所得的一切财物，应当予以追缴或者责令退赔；对被害人的合法财产，应当及时返还；违禁品和供犯罪所用的本人财物，应当予以没收。《最高人民法院、最高人民检察院关于办理贪污贿赂刑事案件适用法律若干问题的解释》（法释〔2016〕9号）第十八条规定，贪污贿赂犯罪分子违法所得的一切财物，应当依照刑法第六十四条的规定予以追缴或者责令退赔，对被害人的合法财产应当及时返还。对于贪污犯罪，一般应将涉案财物返还给被害单位。但是本案存在一定的特殊情况，即涉案的中巴车因违反公益事业捐赠法而成为违纪财物，并非王某某所在单位的合法财产，不符合刑法第六十四条"对被害人的合法财产，应当及时返还"的适用条件，更不宜通过判决的形式确认单位不法行为的获利，因而直接判决上缴国库更为合适。

（三）涉案犯罪所得车辆应予以追缴、没收，同时一并追缴、没收车辆价值减损部分

本案另一个争论的焦点在于捐赠的中巴车作为犯罪所得应如何追缴。一种观点认为，涉案犯罪所得中巴车已被追回，且已查封、扣押在案，直接予以没收、上缴国库即可；另一种观点认为，应没收涉案犯罪所得中巴车原物，但原物在使用过程中出现价值贬损的，应一并追缴贬值损失；若原物产生孳息和收益，亦应一并追缴、上缴国库。

我们认可后一种财产处置方式，理由如下。

涉案财物处置应严格遵守相关法律规定，做到有法可依。关于涉案财物处置，除了刑法第六十四条的规定之外，监察法实施条例第二百零九条第二款规定："追缴涉案财物以追缴原物为原则，原物已经转化为其他财物的，应当追缴转化后的财物；有证据证明依法应当追缴、没收的涉案财物无法找到、被他人善意取得、价值灭失减损或者与其他合法财产混合且不可分割的，可以依法追缴、没收其他等值财产。"该条例以监察法规的形式确立了追缴原物原则和等值追缴、没收原则。反有组织犯罪法第四十五条以法律的形式确认刑法第六十四条中的违法所得的范围包括孳息与收益等，且该条"依法应当追缴、没收的涉案财产无法找到、灭失或者与其他合法财产混同且不可分割的，可以追缴、没收其他等值财产或者混合财产中的等值部分"的规定以法律形式引入并确立了等值

追缴、没收制度，切断了犯罪分子企图通过消费、毁灭、混同等手段使违法财产逃避追缴、没收的途径。

在贪污贿赂犯罪的财物增值的情况下，追缴范围应包括孳息与收益，贪污贿赂犯罪的涉案财物以追缴原物为原则，此时追缴的范围应包含原物及孳息和收益，若原物价值增加，产生孳息和收益，则应连同孳息和收益一并追缴。这样既有利于固定证据更好地打击犯罪，又有利于保障国家利益。例如，受贿犯罪行为发生时受贿房屋价值100万元，即使案发时房屋价值200万元，也应追缴该房屋，案发前如已将房屋出租收益10万元，后出售获200万元，则应追缴210万元（包含孳息和收益），但犯罪数额应以犯罪行为时的价值100万元计算。特别强调的是，在涉案财物的处置方面，应考虑指控贪污贿赂犯罪的特殊需要，尽量移送给司法机关证据实物，因价值贬损、时限到期等因素应当先行变现的，需要做好原始书证、物证的复印、拍照、录像及指认辨认等证据固定工作。

在贪污贿赂犯罪的财物贬值的情况下，追缴原物时可能出现原物价值贬损、价值减少的情形。实践中，犯罪所得特别是汽车、游艇、字画等物品，大部分可能存在贬值的情况，致使国家利益遭受损失，在追缴原物的同时，应适用等值追缴、没收制度，对于原物价值贬值、减损部分，应一并追缴、没收。例如，本案贪污行为发生时车辆价值55万元，案发时车辆价值只有8万元，犯罪行为人在使用过程中导致车辆价值减损47万元，对于车辆价值减损47万元部分应连同贪污的车辆一并予以追缴、上缴国库。若追缴原物已实际不可能，如出现原物无法找到、被他人善意取得、灭失或与其他财产混同且无法分割情形，应追缴、没收其他等值财物，以保障国家利益免遭损失。例如，行为人受贿一辆汽车价值50万元，则犯罪数额应以50万元计算，后行为人以市场价45万元转售给善意第三人，案发后则应追缴行为人50万元而非45万元。同样，原物无法找到、灭失的或与其他财物混同且不可分割的，应追缴、没收其他等值财产。

综上所述,人民法院认定被告人私自截留单位接受捐赠的财物构成贪污罪,且根据捐赠的性质、捐赠财物的价值等判决对被贪污的车辆及车辆减损价值一并予以追缴且上缴国库,是正确的。

(撰稿:河南省驻马店市中级人民法院　刘　辉

河南省高级人民法院　多甜甜

审编:最高人民法院刑二庭　于同志)

[第 1593 号]

褚某某受贿案

——通过市场交易收受财产性利益行为的性质认定

一、基本案情

被告人褚某某，男，19××年××月××日出生，曾任 Z 省 N 县常务副县长、B 市 H 区区长和区委书记。2021 年 9 月 8 日因涉嫌犯受贿罪被逮捕。

根据指定管辖决定，浙江省嘉兴市人民检察院指控被告人褚某某犯受贿罪，向浙江省嘉兴市中级人民法院提起公诉。

被告人褚某某辩解及其辩护人辩护提出：（1）褚某某特定关系人胡某某从房产开发商处获取的是商业机会，不是财产性利益。（2）胡某某销售 Y 公司的销控（内部标记为已出售，不参与摇号、内部销售）房源、样板房和 S 集团公司关联公司参与开发的 B 市中心大厦写字楼获得的利益来源于市场上购房者支付的差价，并非房产开发商所送；胡某某按每单元 10 万元支付了 B 市中心大厦 7 个单元写字楼的定金，取得了所预订房源的合法处置权，转卖获利并不违法。因此，胡某某通过转售 Y 公司的商品房、样板房和 S 集团关联公司参与开发的 B 市中心大厦写字楼获取的收入 377 万余元，属于正当收入，不应认定为褚某某与胡某某共同受贿。褚某某及其辩护人针对其他指控受贿事实也提出异议，还提出褚某某构成自首并有立功表现，要求对褚某某从轻、减轻处罚的辩解、辩护意见。

浙江省嘉兴市中级人民法院经审理查明：

2009年至2021年，被告人褚某某利用担任Z省N县常务副县长、B市H区区长和区委书记等职务便利，为Y公司、S集团公司等单位和个人在房地产项目配套设施建设、土地证延期、奖励资金返还、补交土地出让金、工作调动等事项上谋取利益，单独或伙同特定关系人胡某某（另案处理）非法收受他人财物，共计价值人民币745.1728万元。其中：

（1）2017年至2018年，褚某某及胡某某在和Y公司法定代表人钱某一起聚餐时，钱某提出Y公司开发的楼盘销售价比市场价低，提议胡某某可以炒房获利。2018年至2019年，胡某某在未支付定金、未办理购房手续的情况下，通过钱某先后销控Y公司下属公司合作开发的某小区3套房产，并要求给予购房优惠。后胡某某通过他人将上述3套房产出售，胡某某从购房者处收取高出合同购买价的差价共计95.0855万元。事后，胡某某将上述情况告知褚某某，褚某某予以认可。

（2）2020年12月，胡某某在未支付定金、未办理购房手续的情况下，通过钱某选定Y公司开发的某样板房，并于2021年1月委托他人出售，由Y公司与胡某某指定的购房者签订购房合同，胡某某从购房者处收取高出合同价的差价100万元。事后，胡某某将上述情况告知褚某某，褚某某予以认可。

（3）2018年3月，褚某某应胡某某要求，向S集团公司关联公司法定代表人庄某、公司副总裁鲍某某打招呼，为胡某某购买S集团公司关联公司开发的B市中心大厦B座写字楼等提供关照。后胡某某预订了B市中心大厦第30层写字楼，并获得购房优惠。2018年4月至5月，胡某某将其中部分未支付定金的写字楼房间委托他人出售给胡某某指定的购房者，胡某某从购房者处收取高出合同价的差价共计182万元。胡某某将上述情况告知褚某某，褚某某予以认可。

（褚某某其他受贿事实略）

浙江省嘉兴市中级人民法院认为，被告人褚某某身为国家工作人员，利用职务上的便利为他人谋取利益，单独或伙同特定关系人非法收受他人财物,数额特别巨大,其行为已构成受贿罪。鉴于褚某某如实供述罪行,主动交代监察机关事先尚未掌握的部分受贿事实,具有坦白情节,赃款赃物已全部追缴、退缴,可依法予以从轻处罚。辩护人提出的从 Y 公司及 S 集团公司关联公司获得的转售房产获利并非直接从房产开发商出处获取经济利益等辩护意见不能成立,不予采纳。其他辩解及辩护意见中的合理部分予以采纳,但辩护人请求对被告人减轻处罚缺乏依据,不予采纳。为打击犯罪,维护国家工作人员职务行为的廉洁性,依照刑法第三百八十五条第一款、第三百八十六条、第三百八十三条第一款第三项和第二款、第二十五条第一款、第二十六条第一款和第四款、第六十七条第三款、第六十四条和《最高人民法院、最高人民检察院关于办理贪污贿赂刑事案件适用法律若干问题的解释》第三条第一款、第十二条、第十六条第二款、第十九条之规定,以受贿罪判处被告人褚某某有期徒刑十年三个月,并处罚金五十万元。

一审宣判后,被告人褚某某不服,提出上诉。上诉理由与一审审理期间辩解、辩护意见相同。

浙江省高级人民法院经审理认为,一审判决认定事实清楚,证据确实、充分,定罪和适用法律正确,量刑适当。审判程序合法。褚某某的上诉理由及其辩护人辩护意见不能成立,不予采纳。依照刑事刑事诉讼法第二百三十六条第一款第一项的规定,裁定驳回上诉,维持原判。

二、主要问题

(1)司法实践中,如何正确把握财产性利益与商业机会的区别?

(2)对于通过市场交易的方式实现财产性利益输送、收受的行为应当如何定性?

三、裁判理由

房地产行业的高速发展为国民经济的持续发展提供了强大的动能。但在房地产业蓬勃发展的大背景下,滋生出利用房产交易悄然实现利益输送的新型受贿形式。近年来，各地政府部门贯彻中央"房住不炒"的精神，采取了一系列如新开楼盘限购限售，不得超过备案价销售等调控政策，以抑制投机炒房行为，挤压房价泡沫，维护住房"刚需一族"的权益，保障房地产市场健康发展。而有的腐败分子利用职权突破调控政策限制，按照房产开发商向市场销售的价格向请托方预订商品房，再予以加价销售，从市场交易中获取差额利益。这种以买卖房屋的形式出现的交易行为，是否属于权钱交易中的利益输送，是否属于受贿行贿性质，在司法实践中存在争议。

本案办理过程中，对于被告人褚某某的特定关系人胡某某通过销控、预订请托方的商品房再转售获利的行为如何定性，存在以下两种不同观点。

一种观点认为，特定关系人胡某某从请托方的房产开发商处获取的是购房资格及其附属的商业机会，胡某某在房产开发商给予的销售价格上加价转售获取的差价，部分来自其要求房产开发商给予的额外优惠，其他部分产生于市场交易中，来自下家，并非来自房产开发商，不应以受贿罪追究其刑事责任。

另一种观点认为，胡某某利用被告人褚某某的职务便利进行炒房获利敛财，系请托方的房产开发商通过将自己的房产交给国家工作人员特定关系人出售，将在房产限购、限价政策下产生的财产性利益输送给国家工作人员及其特定关系人，属于变相的权钱交易行为，应以受贿行贿定性，胡某某与褚某某的行为构成共同受贿犯罪。

我们赞同第二种观点，具体理由如下。

（一）正确区分商业机会与财产性利益

从经济角度来说，商业机会是指商业活动中可能为经营者创造价值和利润的机会，但是否能够转化为经济收益，还要经营者投入成本进行挖掘和开发。商业机会具有经营风险难以预料，是否能够获取经济利益难以确定的特征。而财产性利益是指已经存在的经济利益或具有高度盖然性的预期经济利益。财产性利益可以附着在固定资产（如房地产、设备等）、金融资产（如股票、债券等）、知识产权（如专利、商标等）或其他形式的财产之上，可以通过抵押、租赁或转让等方式获得收益。

最高人民法院、最高人民检察院2008年印发的《关于办理商业贿赂刑事案件适用法律若干问题的意见》提出，商业贿赂中的财物，既包括金钱和实物，也包括可以用金钱计算数额的财产性利益，如提供房屋装修、含有金额的会员卡、代币卡（券）、旅游费用等。最高人民法院、最高人民检察院在2016年发布的《关于办理贪污贿赂刑事案件适用法律若干问题的解释》中再次明确，财产性利益包括可以折算为货币的物质利益如房屋装修、债务免除等，以及需要支付货币的其他利益如会员服务、旅游等。即财产性利益属于贿赂犯罪的对象。而商业机会由于其最终经济收益的不确定性，无法用货币予以计算、折算，不属于贿赂犯罪的对象。

本案中，褚某某及其特定关系人胡某某转售请托方的房产，经分析认为，被告方实际是收受了请托方给予的财产性利益，属于受贿性质。

首先，根据B市政府制定的房地产市场调控政策，自2017年4月起，新建商品住房实行销售价格备案制度，特定区域新建商品住房实行限购限售政策（俗称限价房制度）。涉案项目属于B市政府划定的限购限售区域，涉案的某小区3套商品房只能按照不超过备案价的价格，销售给符合购房条件的消费者（符合条件后摇号确定），且在购买后一定期限内（两年内）不得上市交易；对涉案的小区样板房，政策规定可以不参与摇号销售，但也要求不能超过备案价格，故房产开发商一般将样板房作为公司福利销售给内部的管理人员，并禁止转让。上述系列调控措施，导致涉案新建商品住房、样板房的销售价比周边同类二手房市场价单价更低，以至于在当时采取新建商品住房限购限售政策的房地产市场上，流行新建商品住房"摇（摇号）到就是赚到""买到就是赚到"的说法。胡某某通过关系销控3套商品住房和样板房时，均低于周边同类二手房的市场价。因此，涉案的商品住房和样板房上均存在确定的预期经济利益,该经济利益相对确定、可以变现。

其次,S集团公司关联公司开发的B市中心大厦写字楼,因地段位置好,配套设施齐全,故销售火爆,在正式开盘前大部分房源已被认购。为了筛选资金实力强的高端、优质大客户来打造高品质写字楼形象,房产开发商实行了第21层以上必须整层购买、整层购买可以享受价格优惠的销售政策。一些经济实力不足以整层购买,但又具有入驻B市中心大厦写字楼需要的商户愿意加价分户购买高层写字楼工作间。由于褚某某出面打招呼,房产开发商改变惯常的销售政策,破例允许褚某某的特定关系人胡某某分割购买继而分户销售,还给予胡某某价格上的特殊优惠,将本属于高端优质客户的权益以及开发商自身的部分利益变相让渡给胡某某享有,并且在明知市场价明显高于与胡某某约定的签约价的情况下,由胡某某加价销售。从结果看,胡某某将其所预订的写字楼每间均加价几十万元在市场上迅速出售,说明房产开发商给予胡某某整层购买的优惠价格以及额外让利后,胡某某拿到的签约价明显低于市场价。因此,胡某某在市场上转售其预订的B市中心大厦写字楼时,在每间写字楼上均存在确定的预期经济利益,该经济利益相对确定、可以变现。

综上所述,本案中涉案的房地产上均附着特定的财产性利益,胡某某从买下或者预订(有的甚至未交定金)的时刻起就享有了上述财产性权益,没有风险且确定能够获利,与市场上需要经营、风险自负的商业机会存在本质区别。

(二)本案被告人褚某某及其特定关系人通过市场交易收受请托人输送的财产性利益,依法成立受贿罪

1. Y公司、S集团公司具有通过胡某某向被告人褚某某行贿的故意,且胡某某实际获得了财产性利益

胡某某的获利可以分为两部分:一部分来源于房产开发商给予胡某某超出普通消费者可以享受的正常优惠以外的额外让利(3套商品住房

的额外让利部分为 53 万余元），另一部分产生于政府采取的限购限售和调控政策、开发商采取的销售策略形成的备案销售价与市场价之间的差价（42 万余元）。对于前者，认定是 Y 公司的行贿没有争议；对于后者，能否认定 Y 公司、S 集团公司与被告方的行贿和受贿则存在一定争议，尤其该部分金额是由市场上的消费者，而不是 Y 公司、S 集团公司支付。

我们认为后者仍然属于 Y 公司、S 集团公司的行贿。两家公司在明知上述房产的备案价以及当时的实际售价与市场价之间存在差价，且明知胡某某转售的目的就是获取差价的全部或一部分的情形下，将房产交给胡某某加价转售，并根据胡某某要求制定买卖合同，使胡某某可以收取下家支付的差价，进而实现对财产性利益的占有。两家公司行贿的对象就是附着于房产上的财产性利益。因此，Y 公司、S 集团公司明显具有向被告人褚某某、胡某某输送财产性利益的行贿故意，胡某某通过在市场上的加价转售行为，实现了对这些财产性利益的占有。从形式上看，贿赂款来自购房人支付的房屋差价款，但实质上该款项来源于房产开发商给予的额外让利和突破政策给予特权形成的差价。通过市场交易实现利益输送，是隐性腐败的一种，是新型的受贿形式。

2. 胡某某之所以能够在本案中炒房获利，与被告人褚某某的职务便利具有因果关系

证人证言、褚某某及胡某某的供述等证据印证证实，胡某某之所以能够不经过购房资格审查直接预订且无定金销控涉案的商品房和样板房、分单元预订 B 市中心大厦高层写字楼、获得额外的购房优惠，并在没有取得房屋产权情况下转售商品住房、样板房及写字楼，是因为 Y 公司、S 集团公司为感谢褚某某在房地产项目配套设施建设、土地证延期、奖励资金返还、补交土地出让金等事项上为 Y 公司、S 集团公司谋取利益，且褚某某作为区委书记，两家公司还希望能够继续寻求褚某某的帮助。因此，褚某某特定关系人被给予巨额的财产性利益，本质上属于权钱交易。

综上所述,被告人褚某某利用国家工作人员职务上的便利,单独或伙同特定关系人,通过炒房获取数额巨大的财产性利益,已构成受贿罪。一审和二审法院认定褚某某与特定关系人胡某某在该三节事实中的行为构成受贿罪是正确的。

(撰稿:浙江省高级人民法院　管友军　王单媛
　审编:最高人民法院刑二庭　高洪江)

[第 1594 号]

黄某受贿案

——原始股交易型受贿及数额的认定

一、基本案情

被告人黄某，男，19××年××月××日出生，曾担任广西壮族自治区农业机械鉴定站（以下简称鉴定站）站长、广西壮族自治区农业机械化技术推广总站（以下简称推广总站）站长、广西壮族自治区农机局管理处处长和副总工程师。2022年9月24日被逮捕。

广西壮族自治区大新县人民检察院指控被告人黄某犯受贿罪，向广西壮族自治区大新县人民法院提起公诉。

公诉机关指控，被告人黄某利用职务便利，接受四川A农机连锁股份有限公司（以下简称四川A公司）非面向社会公开招募的10万股原始股的购买份额，并接受四川A公司上市前给其的无偿配股，应当认定为受贿，获利数额认定为受贿数额。

被告人黄某对指控的基本事实无异议，但认为其没有利用职务为四川A公司提供帮助，购买四川A公司原始股是正常的市场投资行为，不构成受贿罪。

被告人黄某的辩护人提出，黄某的家属钟某玲向四川A公司投资入股属于个人投资行为，与黄某的职务行为没有关联，并非四川A公司赠送的干股。钟某玲与同时出资入股的50名新股东一样，按个人经济条件出资入股，没有任何特权，也没有明显低于市场价格入股。投入的公司股份存在风险，亏损自担，溢价也是市场因素介入应得的收益，与黄某的身份、职务行为没有关联。根据《最高人民法院、最高人民检察院关于办理受贿刑事案件适用法律若干问题的意见》的规定，黄某没有收受干股，其投资入股行为不属于受贿犯罪。

广西壮族自治区大新县人民法院经审理查明：

2006年4月，经鉴定站站长提议、推广总站的站务会讨论决定，由单位内部职工共同出资注册成立南宁B农业机械有限公司（以下简称B农机公司），使用本站场所并由职工参与营销多种农业机械设备，公司负责人享受副科级待遇。2006年和2007年，B农机公司入选广西农机购置补贴供货商资格，公司代理销售的农机机具也被列入广西购置补贴名录，可以申报领取购置补贴。2007年11月，被告人黄某与时任推广总站、鉴定站副站长陈某凡（另案处理）到四川省成都市参加西南五省区农机推广信息交流会期间，四川A公司董事长王某明约黄某、陈某凡一起喝茶时，向黄某、陈某凡介绍四川A公司的经营规划，称为扩大经营规模，准备到全国部分省区市设立子公司，且正在筹划上市，提示在进驻广西开展农机市场营销时希望黄某、陈某凡给予关照，还提出给予黄某、陈某凡各自投资入股四川A公司非面向社会公开招募的10万股原始股。王某明还称，四川A公司上市后公司原始股将会大幅增值。黄某、陈某凡表示可以给予关照。黄某、陈某凡返回广西后，各自筹款拟以亲属名义向四川A公司投资入股。

2007年底，四川A公司派出广东、广西片区负责人周某权到广西南宁、桂林等地考察农机市场及筹划设立子公司事宜，受王某明之托，周某权在考察期间得到了黄某、陈某凡的关照。2008年1月，四川A公司通过股东大会讨论，决定拟新增50名股东投资入股，并变更登记为股份有限公司，其中黄某以妻子钟某玲名义投资入股10万元，持有10万股原始股。同月，黄某、陈某凡受王某明、周某权之托，经推广总站的站务会议讨论决定将鉴定站、推广总站的两间临街铺面及车间作为由四川A

公司控股的广西A农机有限公司（以下简称广西A农机公司）的经营场所。广西A农机公司于2008年2月注册成立，按照当时广西农机购置补贴经销商资格等相关文件规定，需具有一年以上营销农业机械经验的企业才能申请获得农机购置补贴经销商资格。黄某、陈某凡帮助促成广西A农机公司并购B农机公司进行经营，并在2008年至2012年每年均入选广西农机购置补贴产品一级经销商名单。其间，黄某、陈某凡作为专家领导或者专家组第二组组长，在广西A农机公司每年申报代销的农机机具进入广西农机购置补贴目录选型上也给予了关照。

2009年10月30日，四川A公司在深圳证券交易所创业板上市，公司股票上市发行价为17.75元/股。四川A公司上市前后，共四次给公司股东无偿配股，钟某玲名下持有的股票增至673926股。在股票禁售期届满后，黄某陆续抛售钟某玲名下的股票，在扣除股本金、手续费、税费等费用后，从中获利共计611.500375万元。

另查明，被告人黄某于2006年和2008年还分别收受罗某云与C机械公司分别给予的好处费5万元与1万元。

广西壮族自治区大新县人民法院认为：被告人黄某身为国家工作人员，利用职务上的便利，为四川A公司谋取利益，在认购该公司非面向社会公开发行的原始股后，多次获得该公司无偿配股非法获利；此外，黄某还收受其他公司或者个人给予的好处费，共计617.500375万元，数额特别巨大，其行为已构成受贿罪。黄某归案后如实交代自己的罪行，依法可以从轻处罚。根据黄某犯罪的事实、性质、情节和对社会的危害程度，依照刑法第三百八十五条第一款、第三百八十三条第一款第三项和第三款、第六十七条第三款、第六十一条、第五十二条、第五十三条第一款、第六十四条以及《最高人民法院、最高人民检察院关于办理贪污贿赂刑事案件适用法律若干问题的解释》第三条第一款、第十五条第一款、第十九条第一款的规定，判决：被告人黄某犯受贿罪，判处有期徒刑十一年，并处罚金人民币一百万元。

宣判后，被告人黄某不服，提出上诉。

广西壮族自治区崇左市中级人民法院二审裁定驳回上诉,维持原判。

二、主要问题

(1) 国家工作人员向请托人购买原始股获取上市增值利益的行为如何定性?

(2) 国家工作人员向请托人购买原始股后,公司不定期按比例无偿配股,配股获利部分是否计入受贿犯罪数额?

三、裁判理由

(一) 国家工作人员向请托人购买原始股获取上市增值利益的行为构成受贿罪

长期以来,国家工作人员利用职务便利为他人谋取利益后购买请托人非对外公开发行的原始股,公司上市后获取增值利益是否构成受贿罪,存在不同的观点。第一种观点认为,根据最高人民法院印发的《全国法院审理经济犯罪案件工作座谈会纪要》(以下简称《纪要》)关于"行为人支付股本金而购买较有可能升值的股票,由于不是无偿收受请托人财物,不以受贿罪论处"的规定,行为人出资购买原始股,不是无偿收受财物,因此购买原始股获利的行为不构成犯罪。第二种观点认为,国家工作人员向请托人购买原始股的行为本质上是权钱交易,其购买原始股的目的就是上市获利,故其在原始股上市后获取上市增值利益本身就是权钱交易的结果,获得的增值利益属财产性利益范畴,应当认定为构成受贿罪。

我们同意第二种观点,即国家工作人员利用职务之便为请托人谋取利益并向请托人购买原始股获取上市增值利益的行为是受贿行为,主要理由是如下。

第一,股票的价值包含股票即时的市场价值和股票附随的分红、上市增值等价值。在《纪要》发布的年代,由于历史条件的局限,对于财物的理解尚未扩展至财产性利益,股票分红、上市增值等价值并未被充分注意。但《最高人民法院、最高人民检察院关于办理贪污贿赂刑事案件适用法律若干问题的解释》中进一步明确财产性利益的概念,即"财产性利益包括可以折算为货币的物质利益如房屋装修、债务免除等,以及需要支付货币的其他利益如会员服务、旅游等。后者的犯罪数额,以实际支付或者应当支付的数额计算"。因此,对《纪要》的理解也应该随之转变,行为人支付的价格仅仅是原始股即时的市场价值,对附随价值行为人仍属于无偿收受。

第二,原始股上市增值是一种客观存在的可期待利益。随着社会的发展进步,权钱交易的形式和手段更新迭代,以投资和市场行为掩盖以权谋利本质的受贿犯罪手段并不鲜见。为有效应对新类型受贿行为,有必要在法条的文义范围内作适当的扩大解释。从文义解释的角度来看,上市增值利益具有客观性,是一种物质利益,且该增值利益在股票上市后即可折算成货币,亦在财物的解释范围之内。

第三,判断行为是否构成犯罪,要看该行为是否符合犯罪构成要件。在本案中,客观上,黄某是在四川A公司为拓宽广西市场而请托其予以关照的背景下,以妻子钟某玲名义购买非向社会公开发行的原始股,黄某取得上市增值利益是其本不应当也无能力获取的利益。该利益实质上是四川A公司对黄某支付的权力对价。黄某支付股本金的行为只是掩盖利益输送的手段和形式,不是真正意义上的投资行为。主观上,根据黄某与相关证人的陈述,四川A公司提出黄某可购买原始股时,告知了公司正筹划上市,上市后原始股会大幅增值,公司发展势头好,即使暂时未上市也不会亏损。可见,双方对于将原始股附随的上市增值利益作为行贿与受贿的对象有清晰、明确的认知,上市增值等可期待利益正是黄某所追求的权力对价,行贿与受贿双方已达成合意。因此,黄某的行为符合受贿罪的主观和客观构成要件,构成受贿罪。

（二）国家工作人员购买原始股后，公司不定期按比例无偿配股，配股获利部分应计入受贿犯罪数额

本案中，黄某购买了原始股 10 万股，四川 A 公司根据公司运营情况增资扩股，不定期按比例为股东无偿配股，钟某玲名下的持股数值增加至 673926 股，黄某的犯罪数额是否包含无偿增配的股权对应的获利？我们认为，该问题实质上是"无偿增配的股份"与"利用职务便利谋取利益"之间有无关联。客观上，黄某利用职权为四川 A 公司谋取利益并非按次数计算，而是长期持续的。在此期间，四川 A 公司根据营销情况无偿为黄某配股依然是一种给权力支付的对价，"无偿增配的股份"与"利用职务便利谋取利益"之间的关联性依旧存在。主观上，黄某认识到"无偿增配的股份"与"利用职务便利谋取利益"的关联性。黄某利用职务便利为四川 A 公司谋取利益，知道自己获得原始股的手段并不正当，且随后还作为广西农机购置补贴经销商资格审核的专家领导之一，在广西 A 农机公司后续每年申报的代销农机机具进入广西农机购置补贴目录选型上都给予了关照，黄谋对原始股后续产生的配股与自己职务行为的关联性有认知。故本案应将抛售黄某妻子名下所有股份，扣除股本金、手续费、税费等费用后，实际获得的 611.500375 万元，认定为黄某受贿的数额。

综上所述，一审和二审法院认定被告人利用职务便利为请托人谋取利益，购买原始股获取上市增值利益的行为构成受贿罪，是正确的。

（撰稿：广西壮族自治区大新县人民法院　马文忠　黄高凯
审编：最高人民法院刑二庭　张　杰）

[第1595号]

于某荣受贿、徇私舞弊假释案

——行贿人代为保管贿赂款情形下受贿人受贿罪既遂与未遂之认定

一、基本案情

被告人于某荣，男，1957年××月××日出生。曾任江苏省司法厅副厅长，江苏省监狱管理局党委书记、局长。2022年6月27日被逮捕。

江苏省徐州市人民检察院指控被告人于某荣犯受贿罪、徇私舞弊假释罪，向江苏省徐州市中级人民法院提起公诉。

被告人于某荣对起诉书指控的犯罪事实及罪名均不持异议，请求对其从宽处罚。其辩护人提出，指控于某荣收受其弟于某华贿赂款696万元，其中一笔500万元未实际获得，应当认定为犯罪未遂。

江苏省徐州市中级人民法院经审理查明：1998年至2016年，被告人于某荣先后利用担任江苏省监狱管理局党委委员、副局长、党委书记、局长，江苏省司法厅党委委员、副厅长，江苏方某集团有限公司董事长，江苏省政府法制办公室党组书记、主任等职务便利，为江苏省常州市金坛区某茶厂法定代表人于某华等39家单位或个人在企业经营、刑罚执行、干部选拔任用等方面提供帮助，本人或通过他人收受现金、购物卡、书画等财物，共计价值人民币2180.905万元，用于投资理财、家庭支出等。其中，于某荣收受其弟于某华贿赂款中有一笔500万元至案发一直由于某华代为保管理财，于某荣未实际占有取得。

（其他受贿事实及徇私舞弊假释事实略）

江苏省徐州市中级人民法院审理认为，被告人于某荣身为国家机关工作人员，利用职务上的便利，为他人谋取利益，或者利用职权、地位形成的便利条件，通过其他国家工作人员职务上的行为，为他人谋取不正当利益，非法收受他人财物，数额特别巨大，其行为已构成受贿罪（其余定罪部分略）。于某荣部分受贿事实中为他人谋取职务提拔、调整利益，依法应当从严惩处；于某荣到案后，如实供述全部受贿事实，且部分受贿事实系监委尚未掌握的事实，系坦白，可以从轻处罚；于某荣自愿认罪认罚，依法可以从宽处理；小部分受贿犯罪未遂，依法可以从轻处罚；于某荣退缴的违法所得及扣押在案的涉案赃款赃物足以退缴全部赃款，依法可以酌情从轻处罚。综上所述，依照刑法第三百八十五条第一款等相关规定，判决如下：

被告人于某荣犯受贿罪，判处有期徒刑十二年，并处罚金人民币二百万元（其余量刑部分略）。

宣判后，被告人于某荣未上诉，公诉机关未抗诉。判决已经发生法律效力。

二、主要问题

行贿与受贿合意达成后，在行贿人未实际交付贿赂款的情况下，受贿人委托行贿人代为保管，如何认定既遂与未遂？

三、裁判理由

本案中，被告人于某荣收受其弟于某华贿赂款共计696万元，由于网络举报不断担心案发，于某荣授意其弟于某华代为保管其中一笔500万元并进行投资理财，两人约定于某荣随用随取。其间，于某华还多次向于某荣汇报投资理财及收益情况，至案发于某荣始终未实际使用该500万元。针对该500万元既遂与未遂对认定问题，形成两种不同的意见。

一种意见认为，该500万元应认定为犯罪既遂。主要理由是：第一，于某荣与于某华达成了代持的合意。在案证据清晰显示，于某荣、于某华双方合意后，于某荣将500万元放在于某华处保管、理财，需要时再支取，这是关于"代为保管"的合意。将钱款保管、理财是基于于某荣的要求，这种要求是财物的使用方式，证明于某荣已经行使了财物的使用权。而犯罪未遂，指的是由于犯罪分子意志以外的原因未得逞。本案中，于某荣没有实际收到贿赂款，是基于受贿人与行贿人"代为保管"的合意导致的，而不是因行贿人于某华不想给、无法给等受贿方意志以外的原因导致的。第二，于某荣对财物实现了支配与控制。这种支配与控制主要是通过于某荣对于某华的支配实现的。首先，于某华是于某荣的亲弟弟，双方关系亲密，相处之中注重承诺，尤其是受贿事实中有24起系通过于某华收受财物，可以看出于某荣与于某华之间的关系非同一般，于某荣对于某华有着极强的控制力；其次，于某华的生意经营几乎都依赖于某荣开展，对于某荣一直有期待利益，于某华不会为了这500万元而失信于于某荣；再次，从实际情况看，于某华对财物的保管、打理一直遵守于某荣的要求，且二人沟通频繁，于某荣掌握财物的保管、收益情况，尤其是于某华告知于某荣产生100万元收益时，于某荣要求于某华继续将本金和收益共同理财，证明于某荣对这部分贿赂款行使着收益权；最后，之所以这笔钱长期未被于某荣使用，是因为于某荣持续被举报，其担心被发现，同时于某荣希望将这笔钱用于自己在老家买房、养老，暂不用于家庭支出。2021年，于某荣提出使用这笔钱建房，虽然因理财未到期的客观原因未实际提取，但"不使用、继续理财"是于某荣的意志决定的，是于某荣决定不损失理财收益而继续理财的，上述行为恰恰体现了于某荣对财物的支配权。第三，该500万元已经特定化。在2014年收到贿赂款的次日，于某华即将该款项转入银行卡购买理财产品，此后虽然在多张银行卡内周转，但均用于理财活动。虽然短期由于某华借用该款项，但借用时间较短，借用后立即还款。这恰恰体现了于某华主观上认为500万元是于某荣所有、应当持续理财的。于某华作为财产的保管人，可以说恪尽职守满足了于某荣的要求，短期借用不影响既遂的认定。2020年，于某华以本金和收益共计600万元购买信托理财产品，此后未动，直至2022年3月理财产品到期，于某华主动全额上缴全监察机关，这也是于某华主观上始终认为该500万元是于某荣所有的一种体现。综上所述，该起事实应当认定为犯罪既遂。

另一种意见认为，该500万元应认定为犯罪未遂。主要理由是：行贿与受贿属于对合犯，判断实际控制的标准应当是相对于受贿人和行贿人而言，而非第三人而言。只有在受贿人得到实际控制（包括指定的第三人控制）且行贿人失去控制的情况下才能认定为既遂。如果钱款还在行贿人手里，从未发生客观转移，行贿人相对于受贿人而言应为实际控制者，受贿人始终没有实际控制和占有财物，在此情形下不宜认定犯罪既遂。本案中，首先，涉案500万元始终未实际交付。从2014年初至2021年底案发近八年时间里，该500万元一直由行贿人于某华实际占有和控制，未实际交付给被告人于某荣。其次，行贿人长期实际占有该500万元，并实际获息二三百万元。系列客观证据证实近八年时间里行贿人于某华取出、存入、部分使用该500万元，且大多是与其他资金混同存放甚至转移至案外第三人卡上，并获取了二三百万元的利息，具体过程并未告知被告人。最后，被告人于某荣家中有使用贿赂款的紧急必要却从未动用。近八年时间里，被告人多次因家中急需资金向行贿人借钱，后均已归还。而对上述500万元仅在2021年一次提出过使用，还因所购买的理财产品没有到期而未实际使用。综上所述，行贿与受贿双方就贿赂金额达成一致后，该500万元在未实际交付的情况下由行贿人代为保管，直至八年后案发时受贿人仍未实际占有支取，属于犯罪未遂。

我们同意第二种意见，理由如下。

刑法第二十三条规定，已经着手实行犯罪，由于犯罪分子意志以外的原因而未得逞的，是犯罪未遂。由此可见，犯罪未得逞是犯罪未遂与犯罪既遂相区别的主要标志。根据犯罪构成理论，结合刑法分则规定，犯罪未得逞包括三种情形：一是结果犯之结果未发生，如故意杀人罪，行为人实施了杀人行为而未造成死亡结果的，就是杀人未得逞；二是行为犯之犯罪未遂,如强奸罪,行为人已经着手对妇女实施暴力、胁迫,但未能完成性行为,就是强奸未得逞;三是危险犯之犯罪未得逞,如放火罪,行为人已经着手实施放火行为,但火势甚微或被熄灭未造成危险的,则是放火罪未遂。刑法第三百八十五条规定,国家工作人员利用职务上的便利,索取他人财物,或者收受他人财物,为他人谋取利益的,是受贿罪。因此,受贿罪的实行行为既包括为他人谋取利益,又包括索取或者收受财物。正因为如此,受贿罪既遂与未遂的区分关键就在于结果是否发生,即是否收受了他人财物。

然而,司法实践中收受他人财物的表现形式复杂多样,究竟如何具体认定,刑法理论界存在不同的观点。我们认为,应以财物是否脱离所有人的控制并实际置于受贿人控制之下为标准。财物已脱离所有人的控制并已实际置于受贿人控制之下的为既遂,反之为未遂。根据上述刑法理论,如果行贿人已经将贿赂款交付给受贿人,受贿人又委托行贿人代为保管,或是行贿人按照受贿人要求,将贿赂款交付给受贿人指定的第三人,前者可视为受贿人在受贿既遂后的赃款处置,后者实质上已经脱离行贿人的控制且被受贿人指定的第三人控制,司法实务中认定上述情形为既遂并无太大争议。但对于行贿与受贿合意达成后,在行贿人尚未实际交付的情况下,受贿人既已委托行贿人代为保管,如何认定既遂与未遂问题,司法实务仍然存在较大争议。

有观点认为,此标准会使腐败分子有机可乘,即在受贿时故意不实际交付而是放在行贿人处,随用随取,如果案发就以自己没有实际控制、行贿人没有失去控制为由逃脱法律责任,所以应当根据行贿人与受贿人之间的关系、行贿人的经济实力、行贿人的诚信等方面综合判断。

我们认为,这种观点一方面仅仅局限于分析受贿人对行贿人的控制力,而置行贿人对贿赂款的实际控制于不顾;另一方面低估了人性以及天灾人祸等意外事件发生的不可预知性。首先,在没有实际交付的情况下,对贿赂款控制力的大小应当在行贿人和受贿人之间进行考察和比较。在贿赂款没有实际交付而是由行贿人实际掌握的情况下,无论受贿人对行贿人的控制力有多强，只要行贿人还是一个独立自主的主体，受贿人对贿赂款的控制力始终要小于行贿人对贿赂款的控制力。毕竟受贿人对贿赂款的控制是通过行贿人来完成，是一种间接控制，而行贿人对贿赂款的控制是一种直接控制，间接控制力始终要小于直接控制力，这种认定是符合常识、常情和常理的。其次，天有不测风云，人有旦夕祸福，只要贿赂款没有实际交付，将来出现行贿人反悔，或者经营不善破产等意外事件导致不能正常支付的可能性就会存在，所以将受贿罪既遂与未遂的认定设定为行贿人信用、经济实力等可变而不可控的要素，将导致司法认定不统一，极易产生混乱。因此，这种观点是不可取的。

综上所述，受贿罪中收受他人财物既遂与未遂之认定应把握财物的实际权属情况，财物已经脱离行贿人的控制，并已经实际置于受贿人控制之下，即为受贿罪的既遂，否则为未遂。在没有实际交付的情况下，通常不能认定受贿已经既遂。本案中，人民法院认定被告人于某荣收受其弟于某华500万元系受贿未遂是正确的。

（撰稿：江苏省徐州市中级人民法院　刘明伟
审编：最高人民法院刑二庭　张　杰）

【立法、司法规范】

中华人民共和国刑法修正案（十二）

(2023 年 12 月 29 日第十四届全国人民代表大会常务委员会第七次会议通过
2023 年 12 月 29 日中华人民共和国主席令第十八号公布
自 2024 年 3 月 1 日起施行)

一、在刑法第一百六十五条中增加一款作为第二款，将该条修改为："国有公司、企业的董事、监事、高级管理人员，利用职务便利，自己经营或者为他人经营与其所任职公司、企业同类的营业，获取非法利益，数额巨大的，处三年以下有期徒刑或者拘役，并处或者单处罚金；数额特别巨大的，处三年以上七年以下有期徒刑，并处罚金。

"其他公司、企业的董事、监事、高级管理人员违反法律、行政法规规定，实施前款行为，致使公司、企业利益遭受重大损失的，依照前款的规定处罚。"

二、在刑法第一百六十六条中增加一款作为第二款，将该条修改为："国有公司、企业、事业单位的工作人员，利用职务便利，有下列情形之一，致使国家利益遭受重大损失的，处三年以下有期徒刑或者拘役，并处或者单处罚金；致使国家利益遭受特别重大损失的，处三年以上七年以下有期徒刑，并处罚金：

"（一）将本单位的盈利业务交由自己的亲友进行经营的；

"（二）以明显高于市场的价格从自己的亲友经营管理的单位采购商品、接受服务或者以明显低于市场的价格向自己的亲友经营管理的单位销售商品、提供服务的；

"（三）从自己的亲友经营管理的单位采购、接受不合格商品、服务的。

"其他公司、企业的工作人员违反法律、行政法规规定，实施前款行为，致使公司、企业利益遭受重大损失的，依照前款的规定处罚。"

三、在刑法第一百六十九条中增加一款作为第二款，将该条修改为："国有公司、企业或者其上级主管部门直接负责的主管人员，徇私舞弊，将国有资产低价折股或者低价出售，致使国家利益遭受重大损失的，处三年以下有期徒刑或者拘役；致使国家利益遭受特别重大损失的，处三年以上七年以下有期徒刑。

"其他公司、企业直接负责的主管人员，徇私舞弊，将公司、企业资产低价折股或者低价出售，致使公司、企业利益遭受重大损失的，依照前款的规定处罚。"

四、将刑法第三百八十七条第一款修改为："国家机关、国有公司、企业、事业单位、人民团体，索取、非法收受他人财物，为他人谋取利益，情节严重的，对单位判处罚金，并对其直接负责的主管人员和其他直接责任人员，处三年以下有期徒刑或者拘役；情节特别严重的，处三年以上十年以下有期徒刑。"

五、将刑法第三百九十条修改为："对犯行贿罪的，处三年以下有期徒刑或者拘役，并处罚金；因行贿谋取不正当利益，情节严重的，或者使国家利益遭受重大损失的，处三年以上十年以下有期徒刑，并处罚金；情节特别严重的，或者使国家利益遭受特别重大损失的，处十年以上有期徒刑或者无期徒刑，并处罚金或者没收财产。

"有下列情形之一的，从重处罚：

"（一）多次行贿或者向多人行贿的；

"（二）国家工作人员行贿的；

"（三）在国家重点工程、重大项目中行贿的；

"（四）为谋取职务、职级晋升、调整行贿的；

"（五）对监察、行政执法、司法工作人员行贿的；

"（六）在生态环境、财政金融、安全生产、食品药品、防灾救灾、社会保障、教育、医疗等领域行贿，实施违法犯罪活动的；

"（七）将违法所得用于行贿的。

"行贿人在被追诉前主动交待行贿行为的，可以从轻或者减轻处罚。其中，犯罪较轻的，对调查突破、侦破重大案件起关键作用的，或者有重大立功表现的，可以减轻或者免除处罚。"

六、将刑法第三百九十一条第一款修改为："为谋取不正当利益，给予国家机关、国有公司、企业、事业单位、人民团体以财物的，或者在经济往来中，违反国家规定，给予各种名义的回扣、手续费的，处三年以下有期徒刑或者拘役，并处罚金；情节严重的，处三年以上七年以下有期徒刑，并处罚金。"

七、将刑法第三百九十三条修改为："单位为谋取不正当利益而行贿，或者违反国家规定，给予国家工作人员以回扣、手续费，情节严重的，对单位判处罚金，并对其直接负责的主管人员和其他直接责任人员，处三年以下有期徒刑或者拘役，并处罚金；情节特别严重的，处三年以上十年以下有期徒刑，并处罚金。因行贿取得的违法所得归个人所有的，依照本法第三百八十九条、第三百九十条的规定定罪处罚。"

八、本修正案自2024年3月1日起施行。

刑法修正案（十二）的理解与适用

张义健*

【摘要】刑法修正案（十二）从依法惩治民营企业内部人员背信犯罪和进一步从严惩治行贿犯罪两个方面对刑法作出局部重要修改补充。其一，增加规定民营企业内部人员相关背信罪名符合当前形势和需要，对于依法保护、平等保护企业和企业家利益具有重要现实意义。刑法本次修改坚持问题导向和稳妥推进原则对三个条文作了修改。实践中应当正确理解有关犯罪构成要件，准确把握相关政策尺度，依法精准惩治犯罪。其二，加大惩治行贿犯罪是"坚持受贿行贿一起查"重要政策的立法体现。执法司法工作中要准确理解把握有关修改规定和精神，从严查办重点行贿，解决对行贿惩处失之于宽、不利于切断受贿犯罪因果链的问题。

【关键词】刑法修正案（十二） 民营企业内部人员 背信犯罪 行贿犯罪

2023年12月29日，第十四届全国人大常委会第七次会议通过刑法修正案（十二），自2024年3月1日起施行。本修正案条文数量不多，包括施行日期条文在内一共八条，涉及惩治行贿犯罪和民营企业内部人员腐败犯罪两个方面，具有重要意义和影响，社会较为关注，是一次重

---

* 作者单位：全国人大常委会法工委刑法室。

要修改。执法司法实践中准确理解与适用法律是保证修法效果的重要环节。现就刑法修正案（十二）的修改背景、条文理解、立法过程中的有关考虑，以及适用中需要注意把握的问题等作简要介绍和解读。

一、关于民营企业内部人员腐败犯罪规定

（一）修法背景和目的

1997年刑法规定腐败犯罪主要是围绕国家工作人员、国有公司、企业、事业单位人员等公职人员建立的，对包括民营企业人员在内的非公职人员腐败犯罪有一些规定，此后根据实践需要不断发展完善。特别是刑法修正案（十一）对职务侵占罪、非国家工作人员受贿罪、挪用资金罪作出修改，进一步提高和调整了刑罚配置，加强了对民营企业内部腐败犯罪的惩治，落实平等保护。刑法第一百六十五条至第一百六十九条对国有公司、企业人员有关腐败渎职犯罪作了规定，是否同样适用于民营企业人员一直是立法工作中研究的重要问题，对此需要充分考虑与我国民营企业发展的阶段和实际需求相适应。2006年刑法修正案（六）增加背信损害上市公司利益罪，将上市公司高级管理人员掏空上市公司的背信行为规定为犯罪，这是考虑到上市公司资产被非法侵害的情况突出，且上市公司产权清晰、治理规范，罪与非罪的界限能划清，因此首先针对上市公司领域规定了背信犯罪。

随着我国民营企业的不断发展壮大，这些年出现了一些新情况、新问题。贯彻落实党中央决策部署和适应实践新需要，刑法修正案（十二）第一条至第三条分别修改了刑法第一百六十五条非法经营同类营业罪、第一百六十六条为亲友非法牟利罪，以及第一百六十九条徇私舞弊低价折股、出售国有资产罪，在各条中增加第二款，规定民营企业内部人员发生相应行为，构成犯罪的，追究刑事责任，也就是将上述原来只适用于国有公司、企业人员的背信犯罪同样适用于民营企业内部人员。相关背景和考虑主要有以下几方面。

1. 与民营企业内部腐败犯罪总体形势相适应

2023 年 7 月 14 日,《中共中央、国务院关于促进民营经济发展壮大的意见》发布,对民营企业内部腐败的防范治理提出明确要求。各方面反映,随着我国民营企业的发展,民营企业内部腐败犯罪多发、易发,数量增长快。从行业分布看,制造业、建筑业、房地产、互联网、金融等行业成为企业内部腐败高发领域;从环节和人员看,主要集中在负责审批、采购、财务等关键岗位人员。究其原因主要是,随着民营企业的发展,企业内部治理结构发生变化,经营管理权力逐渐分散,如互联网企业就比较明显。互联网企业基于信息高速处理的工作特点,往往采取扁平化管理、短链路决策的内部权力分布模型,充分放权于员工,缩短决策流程,员工掌握平台进入审核权、平台规则裁判权、流量资源分配权等关键权力,能够广泛且直接影响平台内的第三方经营者,容易滋生腐败。调研中有的还反映,小企业由于规模小、权力集中,内部发生相关腐败犯罪风险反而小,腐败难以存在,这也从另一个角度说明了这一点。因此,腐败的本质是权力滥用,有权力的地方就可能发生腐败。由于企业内部监督不完善,内部人员因腐败侵害企业利益的情况越来越多,迫切需要加强这方面的治理应对。本次修改与当前民营企业内部腐败犯罪的总体形势相适应,这是修法的大背景。只有符合惩治此类犯罪的总体形势和实践需要,才能保证修法大方向正确。

2. 适应惩治有关背信犯罪的实践需要

刑法规定了职务侵占罪、非国家工作人员受贿罪、挪用资金罪等,大体能够覆盖实践中常见的民营企业内部腐败犯罪。同时,刑法规定的非法经营同类营业罪、为亲友非法牟利罪,以及徇私舞弊低价折股、出售国有资产罪只适用于国有公司、企业人员。应当说,上述三类犯罪过去在国有企业中表现得比较典型,这是由国有企业的性质和特点决定的,因此,刑法只对国有企业人员的上述犯罪作了规定,没有适用于民营企业。但近些年来,过去针对国有企业规定的一些背信犯罪,在民营企业也开始出现和增多,特别是关键岗位人员利用手中权力,故意"损企肥私"、以权谋私，通过各种隐蔽方式转移、侵害企业利益，给企业和企业家造成重大损害。其中反映较为集中、突出的是非法经营同类营业、为亲友非法牟利等行为。有的企业提出，内部关键岗位人员在外另起炉灶，非法开展同类营业，转移企业利润、侵犯商业秘密、侵占企业商业资源，或者将企业商业机会、资源和利益通过各种隐蔽方式转移给亲友企业，这种行为对企业危害很大，如发生在国有企业是犯罪，发生在民营企业则无法处理。有的企业反映，内部人员法治意识淡薄，这方面案件立案难、查处难，应当进一步完善刑法有关背信犯罪规定，加大惩治内部腐败犯罪。2013年以来，共有65位全国人大代表、全国政协委员提出增加相关背信犯罪的意见建议，其中大多数是来自民营企业的代表、委员。为更好预防惩治这类犯罪，积极回应企业家关切，需要与时俱进完善刑法相应规定。刑法修正案（十二）对三个罪名进行修改、补充，保护法益主要是企业财产和利益，本质上是打击背信损害企业财产和利益行为，而不仅仅是破坏公司、企业的管理秩序。

3. 进一步加强平等保护

党的十八届四中全会决定提出，"健全以公平为核心原则的产权保护制度，加强对各种所有制经济组织和自然人财产权的保护"；《中共中央、国务院关于完善产权保护制度依法保护产权的意见》规定，"坚持平等保护。健全以公平为核心原则的产权保护制度……公有制经济财产权不可侵犯，非公有制经济财产权同样不可侵犯""加大对非公有财产的刑法保护力度"；党中央多次强调从制度和法律上把对国有企业和民营企业平等对待的要求落下来。对于本次修改加强平等保护，可以从两个方面准确认识。

一是对"保护"的理解。修法的目的是保护民营企业，不是打击民营企业，针对的是民营企业内部人员、关键岗位人员，而不是针对民营企业。目的是通过惩治民营企业内部人员、关键岗位人员"损企肥私"犯罪，实现保护企业、企业家利益，为民营企业更好预防惩治内部腐败犯罪提供法律手段，助力企业、企业家内部反腐，而不是给民营企业增加新的义务和责任。通常说的涉民营企业刑事案件，大的方面包括两种情形：一种是民营企业为了谋取自身利益，对外实施的违法犯罪，比如逃税、污染环境、非法集资、串通投标等犯罪，侵害的是他人、社会或者国家利益；另一种是民营企业内部人员针对企业实施的犯罪，如职务侵占、挪用、受贿以及本次修改增加的有关背信犯罪等，侵害的是企业、企业家利益。可以认为，这两种情形都属于企业诚信合规建设问题，但两种犯罪的性质不同、方向不同，对其中的刑事政策把握、合规目标与价值取向也应有所不同。本次修改针对的是后一种侵害民营企业自身利益的犯罪，通过打击犯罪保护企业和企业家。

二是对"平等"的理解。所谓平等是从平等保护民营企业财产的角度，要求对侵害国有企业财产与侵害民营企业财产进行同等保护。有的提出，修法将民营企业相关行为规定为犯罪，是从增加义务的角度进行同等打击，不是平等保护。这样理解没有站准角度。我们常说，国有企业与民营企业在管理、性质等方面存在不同，这是客观情况，是正确的。但随着民营企业的发展和实践变化，特别是在民营企业内部出现权力结构分层变化后，只要有权力，就有监督和腐败问题。民营企业的所有权与管理权也逐渐分离，在这一点上与国有企业逐渐呈现相同的趋势和方向，两者在这一关键点上是一致的，相关背信行为对国有企业、民营企业的危害是一致的，从这个角度来说没有本质不同，无论是侵害国有企业的财产还是民营企业的财产都应当同等保护，这是"平等"的要义。

（二）关于修改非法经营同类营业罪

刑法修正案（十二）第一条修改了刑法第一百六十五条，在该条中增加一款作为第二款。该款规定："其他公司、企业的董事、监事、高级管理人员违反法律、行政法规规定，实施前款行为，致使公司、企业利益遭受重大损失的，依照前款的规定处罚。"即将非法经营同类营业罪的主体由原来的国有企业人员扩展到民营企业人员，并规定了不同的构成要件。理解新增加的第二款规定，需要注意把握好以下方面。

1. 关于犯罪主体

第二款中非法经营同类营业罪的犯罪主体是公司、企业的"董事、监事、高级管理人员",第一款关于国有公司、企业中非法经营同类营业罪的主体也由原来的"董事、经理"修改为"董事、监事、高级管理人员",两款犯罪主体保持一致,该修改与公司法等法律规定总体上衔接。公司法对公司高级管理人员的忠实、勤勉义务和禁止非法经营同类营业作了规定。从规定沿革看,1997年刑法中"董事、经理"的规定与1993年公司法第六十一条"董事、经理不得自营或者为他人经营与其所任职公司同类的营业或者从事损害本公司利益的活动"中的规定一致。2005年公司法修订时修改为"董事、高级管理人员",2023年12月修订的公司法修改为"董事、监事、高级管理人员",因此刑法本条修改宜与2023年12月修订的公司法相应规定修改保持一致。关于"高级管理人员"的范围,公司法第二百六十五条作了规定,包括经理、副经理、财务负责人、上市公司董事会秘书和公司章程规定的其他人员。需要注意的是,本罪的犯罪主体不限于公司,还包括其他企业。对于高级管理人员的具体范围应当结合公司法上述规定和其他有关法律相应规定进行认定,总体范围应当定性为公司、企业的有关主管人员和重要管理人员,将来在司法适用中可对此作进一步明确。

立法过程中有意见提出,将本罪的主体确定为公司、企业的"工作人员",进一步扩大本罪主体范围。由于涉及犯罪面,修改中坚持了审慎立场。一是犯罪主体范围与公司法等关于忠实义务的主体范围保持衔接,限定为董事、监事、高级管理人员;二是具有相应管理权限的人开展同类营业,由于手中掌握权力和资源,一般才会对公司、企业造成比较大的损害,其他人员进行同类营业的机会与危害相对较小;三是实践中进行同类营业的情况复杂,多有发生,将犯罪主体扩大到其他所有工作人员,没有把握。另外,如前所述,本条规定的"高级管理人员"是一个相对开放的概念,可以涵盖企业章程规定的其他有关重要管理人员,实践中有一定扩展空间,范围比较适当。

2. 关于违反法律、行政法规规定

根据第二款规定，构成非法经营同类营业罪的一个构成要件是违反法律、行政法规规定。刑法修正案（十二）草案一审稿中未作规定，二审稿增加该规定的主要考虑是，经营同类营业并非一概属于违法，公司法等对符合规定的同类营业作了规定，经公司、企业同意的同类营业不作为本罪处理。2023年修订的公司法第一百八十四条规定："董事、监事、高级管理人员未向董事会或者股东会报告，并按照公司章程的规定经董事会或者股东会决议通过，不得自营或者为他人经营与其任职公司同类的业务。"也就是说经过公司同意的经营同类营业是符合规定的。本来，即便不规定这一构成要件，对于符合规定的同类营业也不应被认定为本罪，但为了进一步明确，防止实践偏差，本条强调规定了这一构成要件。根据该规定，实践中对以下情况不作为本罪处理：一是公司、企业同意的经营同类营业，如上述按照公司法规定，向公司董事会或者股东会报告并取得决议通过的；二是企业负责人决定另外设立或者投资企业的。

3. 关于致使公司、企业利益遭受重大损失

构成第二款规定的非法经营同类营业罪，在具有第一款相应的非法经营同类营业行为的基础上，还需要具有"致使公司、企业利益遭受重大损失"的结果。从这个角度看，第二款与第一款在犯罪门槛要求和司法认定标准上有所不同。第一款关于国有公司、企业人员非法经营同类营业犯罪门槛规定的是"获取非法利益，数额巨大"，根据《最高人民检察院、公安部关于公安机关管辖的刑事案件立案追诉标准的规定（二）》规定，非法获取利益10万元以上，应当追诉。国家监察体制改革后该罪管辖变更，实践中监察机关办案仍继续参照该标准。关于"获取非法利益"的认定，实践中一般以当事人获取的利益为标准，包括在同类营业公司担任职务的工资收入等，认定范围和标准宽。与"获取非法利益"的要件不同，第二款将"致使公司、企业利益遭受重大损失"作为犯罪门槛，主要是考虑到，非法经营同类营业罪的本质是行为人利用同类营

业非法转移原公司、企业利益，截取客户资源、商业机会等，造成原公司、企业利益损失，不仅仅是违反禁止性义务和公司、企业管理秩序。如果只要进行同类营业，违反禁止性义务，即使没有非法转移利益，造成原公司、企业损害的，也都追究刑事责任，扩展到民营企业后，犯罪门槛过低，也不符合民营企业中非法经营同类营业的本质特征，这一点与第一款对国有公司、企业人员的廉洁从严要求有所不同。

关于"致使公司、企业利益遭受重大损失"的具体情形、认定办法和证明标准，需要将来在总结实践经验的基础上，及时出台有关司法解释，以便于实践准确把握。这里需要注意的有：一是"致使公司、企业利益遭受重大损失"在法律适用中需要加以证明，与认定"获取非法利益"相比，客观上工作难度会有所增加，执法部门应当扎实开展有关取证工作。将"造成重大损失"作为犯罪门槛，是刑法中很多犯罪的构成要件，符合犯罪界限划分的立法规律，不能因此"搁置"对犯罪的惩治。二是不能将"致使公司、企业利益遭受重大损失"的证明交由企业完成，要求企业提供完整证据，办案部门应当在企业提供线索和协助配合的情况下，依法查证损失情况，损失应当与同类营业的开展具有直接关系。

此外，需要说明的是，构成第二款犯罪的前提是实施第一款的行为。第一款中关于"利用职务便利""自己经营或者为他人经营与其所任职公司、企业同类的营业"是构成第二款犯罪的基本行为。实践中对于"利用职务便利"、何为"同类"营业也有需要进一步认定把握的问题。

（三）关于修改为亲友非法牟利罪

1997年刑法第一百六十六条规定了国有公司、企业、事业单位的工作人员为亲友非法牟利罪，列举了非法牟利的三种具体行为方式，包括将本单位的盈利业务交由亲友经营，通过明显高价采购或者明显低价销售商品的方式为亲友牟利，从亲友经营管理的单位采购不合格商品。调研中了解到，这类犯罪是典型的背信行为，是实践中反映突出的损害公司、企业利益的行为手段，民营企业中时有发生。据此，刑法修正案

（十二）第二条对本条作了修改，主要是增加第二款，规定了民营企业工作人员为亲友非法牟利犯罪，即"其他公司、企业的工作人员违反法律、行政法规规定，实施前款行为，致使公司、企业利益遭受重大损失的，依照前款的规定处罚"。本条修改中重点研究了以下问题。

1. 关于犯罪主体

一是第二款罪的主体是公司、企业的"工作人员"。该主体范围比非法经营同类营业罪"董事、监事、高级管理人员"要宽一些，与公司法规定的禁止有关关联交易的义务主体是"董事、监事、高级管理人员"也有不同。这主要是考虑到，本罪是典型的以权谋私直接侵害企业利益的犯罪，除了董事、监事、高级管理人员应当基于忠实义务不得实施非法关联交易以外，其他任何工作人员也都应当基于受托、合同等义务，不得侵害公司、企业利益。公司、企业任何人员实施为亲友非法牟利行为，都将会直接损害企业财产权益，因此这次对工作人员作为犯罪主体未作改变，与第一款国有公司、企业工作人员的主体范围保持一致。

二是第二款罪的主体是其他"公司、企业"的工作人员。立法过程中有意见提出，第一款规定的犯罪主体除了国有公司、企业以外，还包括"事业单位"的工作人员，职务侵占罪、非国家工作人员受贿罪、挪用资金罪等犯罪主体是"公司、企业或者其他单位"的工作人员，第二款规定的犯罪主体是否也应包括民办医院、民办学校等其他单位的工作人员。经研究，本次修改暂未扩展，主要考虑是，实践中其他单位的情况复杂，包括民办医院、学校、养老院、文体中心、科技服务等各类社会服务机构，以及村（居）民委员会、专业合作社等，涵盖范围广，虽然实践中也有个别反映这些单位存在类似腐败背信行为，但总体上这方面的情况不突出，相关单位内部治理和制度规范也不健全，为稳妥起见，本次修改未作进一步扩展。

2. 关于违反法律、行政法规规定

构成本罪要求"违反法律、行政法规规定"，该要件与上述非法经营同类营业罪相应规定的考虑基本相同。2023 年修订的公司法第一百八十二条中规定，董事、监事、高级管理人员的近亲属等与公司订立合同或者进行交易的，应当就有关事项向董事会或者股东会报告，并按照公司章程的规定经董事会或者股东会决议通过；第一百八十三条规定："董事、监事、高级管理人员，不得利用职务便利为自己或者他人谋取属于公司的商业机会。但是，具有下列情形之一的除外：（一）向董事会或者股东会报告，并按照公司章程的规定经董事会或者股东会决议通过；（二）根据法律、行政法规或者公司章程的规定，公司不能利用该商业机会。"公司法的上述规定表明，经过公司同意的有关关联交易行为是允许的，当然也不构成本罪。例如，经过董事会或者股东会决议，有关人员据此进行相关关联交易行为的。又如，个人独资企业、一人公司、单一股东企业、家族企业中具有决策权的负责人或者企业的其他产权所有人，自愿将某项盈利业务交给亲友经营，或者决定与亲友单位做交易的，即使影响了企业利益甚至造成损失，也不宜认定为本罪，这是企业自主经营活动或者正常决策行为。实践中要防止出现"我触犯自己的利益，刑法又要处罚我"的不合理情况。

3. 将"商品"修改为"商品、服务"

有意见提出，除了"商品"之外，通过非法提供、接受相关"服务"，也是为亲友非法牟利的重要方式。这次修改将为亲友非法牟利的事项由原来规定的"商品"扩展为"商品、服务"，符合当前的情况变化和实际需要。实践中有的执法司法活动中，已经对商品作了包括服务的扩大解释。需要说明的是，"服务"概念涵盖范围广，对于实践中反映较为突出的银行、保险等金融机构工作人员在获取或者提供资金业务过程中，通过提高或者压低价格等方式为亲友非法牟利，掏空金融机构资产的行为，构成本条规定犯罪的，应当依法追究刑事责任。另外，还需要注意的是，本条中"亲友"的界定是较广泛的，不宜理解为通常的"亲友"范围，应当以是否存在利益输送、利害关系作实质把握。

（四）关于修改徇私舞弊低价折股、出售国有资产罪

1997年刑法第一百六十九条规定了徇私舞弊低价折股、出售国有资

产罪，犯罪主体是国有公司、企业或者其上级主管部门直接负责的主管人员。1997年刑法规定该罪，当时针对的主要是"在国有企业改革，建立现代企业制度的过程中，如在承包租赁、合营、合资、股份制转让产权转化中，一些国有公司、企业或者其上级主管部门直接负责的主管人员，违反国家规定，将国有资产低价折股或者低价出售，致使国有资产严重流失，给国家利益造成重大损失"。随着实践发展变化，民营企业相关人员也出现类似犯罪行为，刑法修正案（十二）第三条对第一百六十九条作了修改，增加第二款，规定了民营企业直接负责的主管人员徇私舞弊，低价折股、出售企业资产犯罪，主要是考虑到实践中对以这种方式损害民营企业财产的情况反映也较为强烈，有的民营企业主管人员在企业资产折股、重组、收购等工作中，徇私舞弊，压低企业资产价格、作虚假评估等。这类故意背信犯罪给公司、企业造成了重大损失，危害性上与第一百六十五条、第一百六十六条的规定没有差别，甚至更大。

理解本次修改增加的第二款规定，需要注意把握：一是本款罪是徇私舞弊故意类犯罪，不能将过失行为认定为本款犯罪。如在企业资产重组、收购等工作过程中，由于决策失误或者市场行情变化，致使企业资产在交易中受到损失的，不能认定本罪。认定本罪要把握住行为人徇私舞弊、搞利益输送的犯罪本质。二是本款没有将"违反法律、行政法规规定"规定为构成犯罪的前置条件，是考虑到徇私舞弊的表述已经明显包含了违反法律、行政法规规定的意思。对于实践中经过公司、企业决策同意或者授权的资产处置行为，即使有关主管人员的处置行为没有达到企业资产处置的预期效果，客观上给企业造成了损失，也不宜将有关人员的行为认定为本罪。

（五）需要说明的几个共性问题

1. 关于修改条文范围

关于"平等保护"问题，一直以来有意见提出一并修改刑法第一百六十五条至第一百六十九条。立法过程中也有少数意见提出，同时修改刑法第一百六十七条签订、履行合同失职被骗罪，第一百六十八条国有公司、企业、事业单位人员失职罪和国有公司、企业、事业单位人员滥用职权罪，将上述两个条文的三个罪名也同样适用于民营企业人员。经反复慎重研究，本修正案未修改刑法第一百六十七条和第一百六十八条，其中的考量是，各方面反映：一是本次修改要聚焦实践需要，第一百六十五条、第一百六十六条和第一百六十九条犯罪是实践中反映最为集中、突出的行为。二是本次修改应当从保护民营企业财产权益的角度作出规定，要打击典型的腐败背信犯罪，对于权力运行中的失职渎职犯罪不是打击重点。第一百六十七条签订、履行合同失职被骗罪是过失犯罪，第一百六十八条国有公司、企业人员失职、滥用职权犯罪主要是从规范公职人员权力行使角度作出的规定，两者更多侧重的是权力运行中的失职渎职，是否纳入本次修改需要进一步研究。三是失职、滥用职权的界限不好界定和把握。我国民营企业相对国有企业情况复杂，很多企业治理结构和日常管理不规范，增加规定这些犯罪容易被扩大适用，造成刑事司法力量不当介入，需要慎重评估效果。大多数中央有关部门均认为本次修改应当坚持"小步"稳妥推进的原则，聚焦实践中突出、典型行为，对于没有把握的不宜规定。根据各方面意见，本次修正案修改了三个条文。这样修改后，本次修改范围限定为，只将故意背信损害公司利益且行为方式相对具体的行为规定为犯罪，总体上能够满足实践需要，同时保证可能溢出的负面效果和滥用风险最小。

还有意见提出，只修改三个条文，无法涵盖实践中其他背信手段和行为方式，不足以有效保护，建议增加普通的背信罪，或者扩大刑法第一百六十九条之一的主体范围，将背信损害上市公司利益罪修改为背信损害公司、企业利益罪。有的提出，本次修改的三个条文行为方式描述得都比较具体，实践中还有其他背信手段难以涵盖，如采取以付款时间、付款方式等价格以外的其他不公平条件，违规提供担保，或者明知他人无能力履行合同而签订合同等方式进行利益输送的，难以依据该三条处理。上述意见具有一定道理和各自考虑角度。本次修改没有规定普通的背信罪或者公司、企业背信罪，主要考虑是目前修改的三条涉及的背信行为是实践中反映最为突出的，修改后基本能够解决实践需求。规定笼统的背信犯罪，不利于防止罪名适用扩大化的风险，与我国当前经济社会文化发展水平、民营企业发展阶段和执法司法水平等是否相适应还需慎重研究。对于实践中的其他背信手段和方式可根据案件具体情况，如果构成职务侵占、非国家工作人员受贿等其他犯罪的，应依法处理。

2. 关于规定为一款还是两款

1997年刑法第一百六十五条、第一百六十六条和第一百六十九条都只有一款，分别规定了国有公司、企业相关人员非法经营同类营业罪、为亲友非法牟利罪和徇私舞弊低价折股、出售国有资产罪。这次修改在上述三个条文中各增加一款作为第二款，将过去只对"国有公司、企业"相关人员适用的犯罪扩展到民营企业，民营企业内部人员具有上述相应行为的，依照前款规定处罚。在立法过程中，有些意见提出，不采取增加一款的方式，而采取修改第一款的方式，即删去"国有公司、企业"中的"国有"，规定为一款即可，这样更能体现平等保护的精神，立法技术上也更为简洁。应当说，无论采取一款还是两款的方式，在惩治犯罪的实质范围、方向上都是一致的，只是采取了不同的处理方式，更多是立法技术问题。经研究，刑法修正案（十二）最终采取两款分立的方式，也有一些考虑：一是尽量维持国有公司、企业相关罪名体系不变。这类犯罪过去主要发生在国有公司、企业，更为突出，保留国有公司、企业的表述有利于彰显和惩治此类犯罪。二是根据目前案件办理分工，国有公司、企业人员实施第一百六十五条、第一百六十六条和第一百六十九条的犯罪由监察机关调查，民营企业内部人员实施的相应犯罪由公安机关侦查，对两者分开规定符合管辖分工的实际情况。三是刑法修正案（十二）第一条、第二条的第二款在有关构成要件表述或者犯罪门槛规定上与第一款有所不同，这是考虑到民营企业不同于国有企业的自身特点，在二次审议过程中根据各方面的意见作出的进一步修改完善，需要采取增加一款的方式。此外，分开规定两款有利于下一步通过司法解释根据情况确定两者的具体定罪范围和标准。另外，规定为两款不影响将来司法解释将两款确定为同一个罪名，可以避免适用中的罪数认定问题。

也有意见提出，可分两款规定，第二款对民营企业规定不一样的、较轻的法定刑，或者第一款规定公司、企业人员相关背信犯罪，第二款规定国有公司、企业实施前款犯罪的从重处罚。这两种方案的初衷主要是考虑到国有企业与民营企业情况不同，要有各自针对性的罪刑规定。但是该方案从"平等保护"国有企业、民营企业财产的角度看，会受到质疑，反对意见较多，因此没有采纳这样的修改意见。

3. 关于法定刑援引

刑法修正案（十二）第一条、第二条、第三条的各自第一款规定了两档法定刑，分别是"致使国家利益遭受重大损失的（获取非法利益，数额巨大的）"为一档刑，"致使国家利益遭受特别重大损失的（数额特别巨大的）"为更高一档刑。第二款在表述法定刑时，规定的是有相应行为，"致使公司、企业利益遭受重大损失的，依照前款的规定处罚"。这样规定后，有的认为第二款只有第一档这一档刑罚，这样理解是不正确的。刑法中援引本条前款规定的法定刑，一般采用"依照前款（第×款）的规定处罚"的立法技术，应当理解为依照前款规定的法定刑给予本款犯罪同样的处罚，其中包括前款规定的一个量刑档次和不同量刑档次。刑法中一般不会在前款规定了法定刑之后，后一款又重复写一遍与前款一样的法定刑，只有后款基于特别考虑，需要规定不同的法定刑的，才会将法定刑单独写出来。

在立法过程中，有意见提出，为避免误解，建议修改第二款的法定刑表述，如规定为"致使公司、企业利益遭受重大损失或者特别重大损失的，依照前款的规定处罚"，这样能使法定刑的涵盖更为清晰。这涉及相关立法技术问题。刑法中一般采取的方式是，只引用第一个量刑档次的情节表述，而适用于整个刑罚档次。具体包括以下情形。

一是量刑情节相同，只引用第一个量刑情节，适用全部量刑档次。例如，刑法第一百八十条第一款内幕交易、泄露内幕信息罪规定了"情节严重""情节特别严重"两档刑罚;第四款规定了利用未公开信息交易罪,法定刑表述为"情节严重的,依照第一款的规定处罚",这里的第四款法定刑包括两档刑,实践中也已形成共识。采取此种援引方式的还有刑法第一百六十八条第二款、第二百八十五条第三款、第二百八十六条第二款、第四百零五条第二款等。

二是量刑情节相同,不引用量刑情节,适用全部量刑档次。例如,刑法第二百五十三条之一的侵犯公民个人信息罪规定了"情节严重""情节特别严重"两档刑罚,第二款、第三款规定的犯罪在援引第一款法定刑时没有引用"情节严重的",对此也应当理解为适用第一款中"情节严重的""情节特别严重的"两档刑罚。采取此种方式的还有刑法第一百四十二条第二款、第一百六十四条第二款、第二百四十八条第二款等。

三是量刑情节不同,分开表述,不重复具体刑罚,适用全部量刑档次。例如,刑法第三百条第一款的组织、利用会道门、邪教组织、利用迷信破坏法律实施罪,规定了包括一档基础刑、一档情节较轻的刑罚,还有一档情节特别严重的刑罚;第二款规定的组织、利用会道门、邪教组织、利用迷信致人重伤、死亡罪的法定刑表述为"致人重伤、死亡的,依照前款的规定处罚"。因此,可以看出,"依照前款的规定处罚",重点在援引前款规定的法定刑,即便后一款定罪量刑情节与前款不一致也是如此。这样处理可以在立法技术上简化,不必重复表述法定刑。采取类似处理方式的还有刑法第一百二十五条第二款、第三百零三条第三款等。

刑法修正案(十二)第一条第二款与上述第三种情况相应,第二条第二款和第三条第二款与上述第一种情况相应。这里难以在立法技术上采取上述第二种情况不引用任何量刑情节,因为各条第二款的量刑情节"致使公司、企业利益遭受重大损失的",与第一款中"获取非法利益、数额巨大的"或者"致使国家利益遭受重大损失的"量刑情节在表述上不同。据此,刑法修正案(十二)第二条第二款非法经营同类营业罪的法定刑应理解为,"致使公司、企业利益遭受重大损失的,处三年以下有期徒刑或者拘役,并处或者单处罚金""致使公司、企业利益遭受特别重大损失的,处三年以上七年以下有期徒刑,并处罚金",将来司法解释进一步明确本款中"重大损失""特别重大损失"的具体标准。第二条第二款、第三条第二款的法定刑也应如此理解。

4. 关于是否规定"告诉才处理"

立法过程中有的意见提出,将本次修改增加的民营企业人员非法经营同类营业罪、为亲友非法牟利罪和徇私舞弊低价折股、出售企业资产罪规定为告诉才处理的犯罪(亲告罪),认为这样规定的好处是,对民营企业内部腐败犯罪给予企业自主处置权,只有在企业告诉的情况下才能追究刑事责任,能够更好地防止公权力滥用和不当介入企业生产经营活动。应当说,这种担心有其道理。此前立法研究中也曾考虑过这种方案,但实践中各方面反映的情况是完全不同的方向和诉求。在向企业调研了解情况的过程中,企业普遍反映的一个重要问题是民营企业内部腐败案件立案难、查处难。有的执法司法部门对企业报案不够重视;有的存在错误观念,重公轻私,把民营企业内部腐败看作民营企业的家事,把打击民营企业腐败、为民营企业追赃挽损看作为民营企业帮忙;有的要求企业提供扎实、完整的相关证据;等等。企业普遍要求解决当前内部腐败案件立案、查处难的问题。在这种情况下,如果将上述犯罪规定为"告诉才处理",根据刑事诉讼法和有关司法解释规定,属于自诉案件,需要企业承担被告人有罪的举证责任,这对于民营企业查处内部腐败犯罪案件工作无疑会"雪上加霜",而且可能引发与国有企业保护力度不一样的质疑。从当前现实情况看,实际上对于民营企业内部腐败案件,企业或者企业负责人不报案的,公安机关不会主动到企业寻找这类案件,不报案的就不会处理。如想通过设置"告诉才处理"解决"股东内斗"时公权力不当介入问题,似也难以奏效,因为这时存在"告诉"的情况。综合考虑,刑法修正案(十二)没有将修改的三条犯罪确定为"告诉才处理"的犯罪。

(六)法律适用中应当准确把握政策尺度

修改刑法有关国有企业人员腐败犯罪规定,同样适用于民营企业人员是近些年刑法修改的一个"老问题"。由于涉及民营企业内部事务，需要与民营企业不断发展的情况和需求相适应，需要充分考虑民营企业与国有企业相比具有的自身特点，以及民营企业大小不一、内部治理不规范等复杂情况。立法过程中始终坚持问题导向、实践导向，抓住主要矛盾和矛盾的主要方面，在规定犯罪的同时注意划清界限，在具体构成要件设置时充分考虑民营企业有关实际情况。需要指出的是，在立法规定以后，需要在法律适用中准确把握修法精神和采取妥善刑事政策，立法与司法协同推进，共同实现保护民营企业产权和企业家权益。

1. 严格准确把握犯罪本质

构成本次修改三个条文的犯罪，在前提上要违反法律、行政法规规定，在行为上具备相应的各条规定的故意"损企肥私"行为，在结果上造成公司、企业重大损失，本质上是企业内部人员利用职务便利，搞非法利益输送，损害企业利益。必须始终把握住上述犯罪本质特征，精准惩治犯罪，真正保护企业利益，防止脱离保护法益和构成要件，形式化、扩大化认定犯罪。

2. 充分考虑企业意愿，切实保护企业利益

我国民营企业发展不平衡，情况还比较复杂，很多企业是小企业、家族企业，企业治理不够规范健全，在案件处理上要充分考虑企业实际情况和企业意愿。调研中发现，有的企业愿意自己灵活处理内部腐败，以教育为主，给予员工改过自新的机会；有的担心腐败暴露影响企业形象；有的希望以儆效尤，只处理少数情节严重的腐败；也有很多企业反映，在企业发展初始阶段，对内部腐败倾向于内部处理、不报案，但随着内部腐败案件的增多，难以有效应对，越来越多的企业开始采取"零容忍"态度或者对严重者坚持追究刑事责任，这在大企业中体现得更为明显。企业意愿不是刑事责任启动和消灭的条件，但在执法实践中应当注意依法予以考虑。一是执法实践中对于企业没有对内部腐败犯罪报案的，一般不宜主动深入企业查案。对于民营企业内部工作人员实施非法经营同类营业、为亲友非法牟利等行为后，向企业主动交代犯罪行为，

积极退赃退赔，减少损害结果发生，企业对其谅解的或者与企业达成和解的，应当依法从宽处理；情节轻微的，可以不作为犯罪处理。二是办案过程中应当加强对企业损失的追赃挽损和退赔工作，积极追缴违法所得，对于属于被害企业的财产，应当及时返还。

3. 把握好涉"股东内斗"案件

立法过程中有意见担心，修改补充民营企业内部腐败犯罪相关规定，在民营企业发展不平衡、治理不规范的情况下，企业股东之间内斗，可能会借此相互告发，或者一方股东借公权力打击另一方股东，从而引起公权力不当介入企业内部矛盾纠纷。应当说，这种担心是现实的、可能的，也是立法中需要考虑到的重要因素。在现行刑法有关职务侵占罪、挪用资金罪等罪名适用过程中也同样遇到此类问题，如何把握好其中的刑事政策是实践当中特别需要注意的。一是对于"股东内斗"并非一概都不管，不能因为是股东之间的纠纷而简单都不予保护，这也不是正确态度，应当准确区分情况。对于一方股东恶意侵害其他股东和企业利益，搞非法利益输送，构成犯罪的，应追究刑事责任，关键在于依法查办案件。二是由于"股东内斗"情况复杂，有时双方相互揭发，实践中要准确把握政策尺度。对于涉及企业内部股东之间的矛盾纠纷，要加强甄别，注意把握好犯罪界限和民刑交叉法律问题，防止利用刑事手段干涉企业正常生产经营活动，防止将民事纠纷、经济纠纷当作犯罪处理。三是对小企业、家族企业由于日常管理不规范、企业财产和个人财产混同、界限不清等产生的涉及股东、家族人员之间揭发的犯罪案件，要注意结合犯罪产生的原因、情节和危害等，依法妥善处理。

二、关于修改完善行贿犯罪规定

（一）修法背景和目的

近年来，立法机关对行贿犯罪规定多次作出修改完善，总体上不断织密罪名法网，加强刑罚力度。特别是党的十八大以来，贯彻落实党中央决策部署，从实体法、程序法等方面不断对腐败犯罪法律制度作出重要修改完善。其中，对行贿犯罪的修改是重要方面。2015年通过的刑法修正案（九）对行贿犯罪作出多方面修改完善，特别是为了解决"重受贿轻行贿"，导致对行贿惩处失之于宽、不利于切断受贿犯罪因果链的问题，立法上进一步严格对行贿罪从宽处罚的条件，将减免处罚限定为三种情形。但从修改后的实践看，对行贿不予追究刑事责任、惩处偏弱的问题仍然突出，执法力度与法律修改初衷还有差距，法律上也还需要进一步明确行贿应与受贿同受法纪从严追究的要求。

习近平总书记就惩治行贿犯罪问题多次作出重要指示、批示。党的十九大、二十大强调"坚持受贿行贿一起查"。行贿人不择手段"围猎"党员干部是当前腐败仍有发生的重要原因，对行贿行为决不能纵容。行贿不禁，受贿不止，要严肃查处拉干部下水、危害一方的行贿人。当前实践中对行贿不断加大惩治力度，但仍存在惩处偏弱的情况。从有关数据看，同期受贿行贿案件查处数量差距较大。从这些年法院一审新收案件数量看，行贿罪与受贿罪案件数的比例大概在1∶3，有的年份达到1∶4或者更大比例，在追究刑事责任的案件中缓免刑的比例也在一半以上。实践中一个受贿案件对应的行贿人通常为多人，如果考虑到这一情况，未被追究刑事责任的行贿人（次）比例会更高。这种过于宽大不追究行贿的情况不利于切断贿赂犯罪因果链。系统治理行贿犯罪问题，需要进一步发挥刑法在一体推进不敢腐、不能腐、不想腐体制、机制中的重要作用。这次修改是在刑法修正案（九）修改行贿犯罪的基础上对行贿犯罪的又一次重要修改。修改目的是进一步加强对相关贿赂犯罪的惩治，包括刑法规定的行贿罪、对单位行贿罪、单位行贿罪和单位受贿罪等，其中主要修改是"坚持受贿行贿一起查"的政策精神。根据中央有关重点查处的行贿案件要求，对一些严重行贿情形规定从重处罚，防止对严重行贿大量不予追究刑事责任，同时调整、提高其他贿赂犯罪刑罚。

(二) 关于行贿罪修改

1. 调整刑罚结构

这次修改对行贿罪的刑罚结构作了调整，将起点刑由"五年以下有期徒刑或者拘役，并处罚金"修改为"三年以下有期徒刑或者拘役，并处罚金"，将第二档刑由"五年以上十年以下有期徒刑，并处罚金"修改为"三年以上十年以下有期徒刑，并处罚金"，即将量刑节点由"五年"修改为"三年"。一是与受贿罪刑罚相衔接。2015 年刑法修正案（九）修改了贪污受贿罪量刑档次，三档刑分别为三年以下有期徒刑、三年以上十年以下有期徒刑和十年以上有期徒刑或者无期徒刑。行贿罪在量刑结构上不能重于受贿罪。对行贿罪量刑结构作出上述调整后，相关罪名的刑罚体系更为平衡和衔接。二是有意见提出，行贿罪法定刑档次配置过重，造成要么不处罚，要么处罚过重，影响法律适用，反而不利于严密法网。三是随着法律修改和"坚持受贿行贿一起查"工作的深入推进，行贿罪查处和处罚力度将加大，在这种情况下调整量刑档次有利于更好实现罪责刑相适应。

2. 增加行贿从重处罚情形

本次修改在行贿罪中增加一款作为第二款，规定了从重处罚的行贿情形，包括多次行贿或者向多人行贿等七类情形。行贿罪最高刑是无期徒刑，在法定刑上已经充分体现了严厉惩治。如何在法律上进一步落实党中央对行贿从严惩治的明确要求，解决实践偏差，是立法中需要深入研究的问题。立法过程中有意见提出，删去原第二款关于行贿从宽处罚的特别规定，统一适用刑法总则自首、坦白、立功等规定，删去后能在法律上进一步体现严厉惩治行贿的要求，防止将法律上的从宽处罚规定作为大量不予追究行贿的"依据"。经反复研究，考虑到贿赂犯罪案件查办特点和保证顺利查处贿赂犯罪的现实需要和整体效果，根据有关方面意见，仍保留了原第二款从宽处罚规定，作为第三款，只修改了个别表述。本次修改最后采取的方案是增加一款，规定了行贿从重处罚的七类情形,将中央确定重点查处的行贿行为作明确规定,加大刑事追责力度,在法律上明确释放"坚持受贿行贿一起查"的政策要求。

一是关于七类从重处罚情形。七类情形的确定主要是与中央纪委国家监委等部门发布的《关于进一步推进受贿行贿一起查的意见》规定范围相衔接。理解和把握这些情形,需要注意的有:(1)七类情形从不同角度作出规定,相互间可能会存在交叉的情况,如第二项"国家工作人员行贿的"与第四项"为谋取职务、职级晋升、调整行贿的",当国家工作人员为谋求岗位晋升而行贿时,同时符合第二项与第四项,这时只作为一个从重情节予以考虑更为妥当。(2)第三项"国家重点工程、重大项目"的确定,可以参考国家发改委每年发布的有关重点项目清单等认定。刑法修正案(十二)草案一审稿在该项中规定了在"国家重要工作"中行贿的情形,考虑到"重要工作"界限不清,且与第六项的领域重合,因此根据各方面意见作了删除。(3)第五项规定"对监察、行政执法、司法工作人员行贿的",有的提出,这里的"行政执法"与第六项规定的"生态环境"等八个具体领域重合,我们认为,第五项规定主要是从通过行贿干涉案件公正处理的角度作出的规定,两者有所不同。(4)第六项规定"在生态环境、财政金融、安全生产、食品药品、防灾救灾、社会保障、教育、医疗等领域行贿,实施违法犯罪活动的",该项列举的领域主要涉及重要民生领域和公众人身、财产安全领域,体现了对民生和公共安全的保护。同时,根据情况变化和需要,本条同时保留"等"字,为其他需要从重处罚的情形提供法律依据。第六项中的"实施违法犯罪活动",不是指行贿本身获取不正当利益都属于"实施违法犯罪活动",而是指行贿所从事的事项本身属于"实施违法犯罪活动",比如为了生产销售伪劣食品、安全生产不达标、排污等而行贿的。两项条件合在一起,更好地把握了从重范围和条件。

二是准确把握第二款规定精神。实践中要正确处理增加的第二款"从重处罚"与第三款(原第二款)"从宽处罚"的关系。本次修改行贿罪要解决的主要问题是,实践中对行贿罪特别是对严重行贿过于宽大、不追究刑事责任的问题。增加第二款的意义不仅是量刑上从重处罚，更在于或者主要目的在于对七类严重行贿要重点查处，该立案的坚决予以立案，该处罚的坚决作出处罚，一般情况下不能轻易不立案、不处罚，而是应当从严把握。解决行贿惩处偏弱问题的关键环节在于法律适用和执法工作，需要有关方面进一步把握好查处行贿犯罪的政策尺度，拓宽证据收集途径，进一步完善有关贿赂认定的证明标准和机制，改善执法办案过于依赖行贿人口供的情况，同时要立足行贿发生的复杂原因，加强综合治理。

　　三是正确处理第一款定罪量刑标准与第二款从重处罚情形的关系。根据现行有关司法解释规定，定罪量刑标准以数额为基础，同时考虑有关情节。具体规定是，行贿数额在3万元以上的，或者具有"向三人以上行贿的""通过行贿谋取职务提拔、调整的""向司法工作人员行贿，影响司法公正的"等情节时，行贿数额在1万元以上不满3万元的，应当追究刑事责任；行贿数额在100万元至500万元的，或者具有上述情节，数额在50万元至100万元的，适用第二档刑罚；行贿数额在500万元以上的，或者具有上述情节，数额在250万元至500万元的，适用第三档刑罚。可以看出，作为行贿罪定罪量刑标准的"情节"是以数额为基础，同时考虑其他情节。这里的其他情节与修改后规定的从重处罚情形存在交叉。行贿罪的定罪量刑标准，以及与从重处罚的关系和具体裁量，将来可以在总结司法实践经验的基础上进一步研究规定。需要注意的是，不能将相关情形重复评价，既作为定罪量刑的标准，又作为从重处罚的依据。例如，向司法工作人员行贿的情形下，如果行贿数额不满3万元，但在1万元至3万元之间的，根据司法解释规定，应当追究刑事责任，这时已经体现了对"向司法工作人员行贿"情形的从重处罚，只不过是在定罪环节考虑的该因素。这也属于落实了修法规定和精神，不能在定罪的基础上又依据该情形予以从重处罚。但如果行贿数额超过3万元，定罪时没有考虑该情形，那么可以在定罪后将该情形作为从重处罚的依据。

(三) 修改单位行贿罪、单位受贿罪、对单位行贿罪的法定刑

一是调整、提高单位行贿罪的刑罚。刑法第二百九十二条规定了单位行贿罪，将单位作为犯罪主体，为谋取自身不正当利益，经单位决策而行贿的，追究刑事责任。刑法规定的单位行贿罪只有一档刑罚，最高刑为五年有期徒刑。实践中单位行贿案件较多。2013年至2021年全国法院新收的单位行贿罪案件平均每年约占行贿类案件总数的1/4至1/5，2013年至2018年每年新收千件左右，此后有所下降。单位行贿与个人行贿法定刑相差悬殊。一些行贿人以单位名义行贿，规避处罚，导致案件处理不平衡，各方面反映对单位行贿惩处力度不足。本次修改调整单位行贿罪刑罚档次，规定为"三年以下有期徒刑或者拘役，并处罚金"和"三年以上十年以下有期徒刑，并处罚金"两档刑罚，适应实践中惩治此类犯罪的需要。需要指出的是，根据刑法规定，借单位名义行贿，因行贿取得的违法所得归个人所有的，应当依照个人行贿罪的规定定罪处罚。

二是调整、提高单位受贿罪、对单位行贿罪的刑罚。我国刑法根据贿赂主体、对象和行为等的不同，规定了较多罪名。对行贿罪、单位行贿罪刑罚作出调整以后，需要相应调整其他有关贿赂犯罪法定刑，做好衔接平衡。(1) 将刑法第三百八十七条单位受贿罪的刑罚由原来"五年以下有期徒刑或者拘役"一档刑罚，修改为"三年以下有期徒刑或者拘役"和"三年以上十年以下有期徒刑"两档刑罚。将起点刑由五年修改为三年，与受贿罪、修改后的行贿罪起点刑相衔接。(2) 在刑法第三百九十一条对单位行贿罪中，增加一档"三年以上七年以下有期徒刑，并处罚金"的刑罚。修改中确定为"三年以上七年以下有期徒刑"而不是"三年以上十年以下有期徒刑"，主要是考虑到与单位受贿罪的刑罚平衡。单位受贿罪与对单位行贿罪是对合犯关系，两个罪名中的单位都是指"国家机关、国有公司、企业、事业单位、人民团体"。根据现行刑法关于贿赂犯罪法定刑规定的精神，受贿的法定刑在最高刑上一般比行贿要重，如刑法第一百六十三条与第一百六十四条、第三百八十三条与第三

百九十条、第三百八十八条之一与第三百九十条之一的规定等。因此，将对单位行贿罪最高刑确定为七年有期徒刑，与单位受贿罪最高"十年有期徒刑"有所差别。

可以看出，本次修改体现了对贿赂犯罪刑罚体系性修改的思路，注重行贿与受贿各类罪名之间刑罚平衡。特别是本次修改通盘将贿赂犯罪的起点刑由"五年有期徒刑"修改为"三年有期徒刑"，加上此前刑法修正案（九）、刑法修正案（十一）对贪污受贿犯罪、职务侵占罪、非国家工作人员受贿罪等法定刑的修改后，目前除了挪用公款罪以外，逐渐将1997年刑法规定的贪污、职务侵占、行贿、受贿等腐败犯罪的起档刑统一调整为"三年以下有期徒刑"，体现了刑罚设置的衔接性、科学性和罪责刑相适应原则。

此外，关于行贿罪中"为谋取不正当利益"的构成要件问题，是立法中提出较多的问题。有的建议删去行贿罪"为谋取不正当利益"的构成要件，认为利益正当与否实践中难以界定，影响对行贿罪的查处，删除该要件可以实现加大惩治行贿的目的，与有关国际公约更好衔接。也有意见提出，如果整个删去该要件，涉及区分行贿犯罪与违规赠送礼品礼金问题的重要政策界限，是否取消需要综合各方面因素稳慎研究；如果只是将"为谋取不正当利益"修改为"为谋取利益"，符合行贿罪权钱交易的本质特征，但行贿罪的入刑范围要考虑现实情况、传统文化、社会承受度等实际情况，不宜过宽；目前，司法解释已经对"不正当利益"作了宽泛界定，实践中已不构成太大障碍，不是实践中行贿犯罪惩处偏弱的重要原因。据此，经综合考虑各方面意见，本次修正案未作修改。

最高人民法院　最高人民检察院　公安部
印发《关于办理医保骗保刑事案件若干问题的指导意见》的通知

2024年2月28日　　　　　　　　　法发〔2024〕6号

各省、自治区、直辖市高级人民法院、人民检察院、公安厅（局），解放军军事法院、军事检察院，新疆维吾尔自治区高级人民法院生产建设兵团分院，新疆生产建设兵团人民检察院、公安局：

  为依法惩治医保骗保犯罪，切实维护医疗保障基金安全，维护人民群众医疗保障合法权益，结合工作实际，最高人民法院、最高人民检察院、公安部现联合印发《关于办理医保骗保刑事案件若干问题的指导意见》，请认真贯彻执行。执行中遇到的重大问题，请分别报告最高人民法院、最高人民检察院、公安部。

最高人民法院　最高人民检察院　公安部
关于办理医保骗保刑事案件若干问题的指导意见

  为依法惩治医保骗保犯罪，维护医疗保障基金安全，维护人民群众合法权益，根据《中华人民共和国刑法》、《中华人民共和国刑事诉讼法》等有关规定，现就办理医保骗保刑事案件若干问题提出如下意见。

一、全面把握总体要求

1. 深刻认识依法惩治医保骗保犯罪的重大意义。医疗保障基金是人民群众的"看病钱"、"救命钱"，事关人民群众切身利益，事关医疗保障制度健康持续发展，事关国家长治久安。要切实提高政治站位，深刻认识依法惩治医保骗保犯罪的重大意义，持续深化医保骗保问题整治，依法严惩医保骗保犯罪，切实维护医疗保障基金安全，维护人民群众医疗保障合法权益，促进医疗保障制度健康持续发展，不断提升人民群众获得感、幸福感、安全感。

2. 坚持严格依法办案。坚持以事实为根据、以法律为准绳，坚持罪刑法定、证据裁判、疑罪从无等法律原则，严格按照证据证明标准和要求，全面收集、固定、审查和认定证据，确保每一起医保骗保刑事案件事实清楚，证据确实、充分，定罪准确，量刑适当，程序合法。切实贯彻宽严相济刑事政策和认罪认罚从宽制度，该宽则宽，当严则严，宽严相济，罚当其罪，确保罪责刑相适应，实现政治效果、法律效果和社会效果的统一。

3. 坚持分工负责、互相配合、互相制约。公安机关、人民检察院、人民法院要充分发挥侦查、起诉、审判职能作用，加强协作配合，建立长效工作机制，形成工作合力，依法、及时、有效惩治医保骗保犯罪。坚持以审判为中心，强化证据意识、程序意识、裁判意识，充分发挥庭审在查明事实、认定证据、保护诉权、公正裁判中的决定性作用，有效加强法律监督，确保严格执法、公正司法，提高司法公信力。

二、准确认定医保骗保犯罪

4. 本意见所指医保骗保刑事案件，是指采取欺骗手段，骗取医疗保障基金的犯罪案件。

医疗保障基金包括基本医疗保险（含生育保险）基金、医疗救助基金、职工大额医疗费用补助、公务员医疗补助、居民大病保险资金等。

5. 定点医药机构（医疗机构、药品经营单位）以非法占有为目的，实施下列行为之一，骗取医疗保障基金支出的，对组织、策划、实施人员，依照刑法第二百六十六条的规定，以诈骗罪定罪处罚；同时构成其他犯罪的，依照处罚较重的规定定罪处罚：

（1）诱导、协助他人冒名或者虚假就医、购药，提供虚假证明材料，或者串通他人虚开费用单据；

（2）伪造、变造、隐匿、涂改、销毁医学文书、医学证明、会计凭证、电子信息、检测报告等有关资料；

（3）虚构医药服务项目、虚开医疗服务费用；

（4）分解住院、挂床住院；

（5）重复收费、超标准收费、分解项目收费；

（6）串换药品、医用耗材、诊疗项目和服务设施；

（7）将不属于医疗保障基金支付范围的医药费用纳入医疗保障基金结算；

（8）其他骗取医疗保障基金支出的行为。

定点医药机构通过实施前款规定行为骗取的医疗保障基金应当予以追缴。

定点医药机构的国家工作人员，利用职务便利，实施第一款规定的行为，骗取医疗保障基金，依照刑法第三百八十二条、第三百八十三条的规定，以贪污罪定罪处罚。

6. 行为人以非法占有为目的，实施下列行为之一，骗取医疗保障基金支出的，依照刑法第二百六十六条的规定，以诈骗罪定罪处罚；同时构成其他犯罪的，依照处罚较重的规定定罪处罚：

（1）伪造、变造、隐匿、涂改、销毁医学文书、医学证明、会计凭证、电子信息、检测报告等有关资料；

（2）使用他人医疗保障凭证冒名就医、购药；

（3）虚构医药服务项目、虚开医疗服务费用；

(4) 重复享受医疗保障待遇；

(5) 利用享受医疗保障待遇的机会转卖药品、医用耗材等，接受返还现金、实物或者获得其他非法利益；

(6) 其他骗取医疗保障基金支出的行为。

参保人员个人账户按照有关规定为他人支付在定点医疗机构就医发生的由个人负担的医疗费用，以及在定点零售药店购买药品、医疗器械、医用耗材发生的由个人负担的费用，不属于前款第（2）项规定的冒名就医、购药。

7. 医疗保障行政部门及经办机构工作人员利用职务便利，骗取医疗保障基金支出的，依照刑法第三百八十二条、第三百八十三条的规定，以贪污罪定罪处罚。

8. 以骗取医疗保障基金为目的，购买他人医疗保障凭证（社会保障卡等）并使用，同时构成买卖身份证件罪、使用虚假身份证件罪、诈骗罪的，以处罚较重的规定定罪处罚。

盗窃他人医疗保障凭证（社会保障卡等），并盗刷个人医保账户资金，依照刑法第二百六十四条的规定，以盗窃罪定罪处罚。

9. 明知系利用医保骗保购买的药品而非法收购、销售的，依照刑法第三百一十二条和相关司法解释的规定，以掩饰、隐瞒犯罪所得罪定罪处罚；指使、教唆、授意他人利用医保骗保购买药品，进而非法收购、销售，依照刑法第二百六十六条的规定，以诈骗罪定罪处罚。

利用医保骗保购买药品的行为人是否被追究刑事责任，不影响对非法收购、销售有关药品的行为人定罪处罚。

对第一款规定的主观明知，应当根据药品标志、收购渠道、价格、规模及药品追溯信息等综合认定。具有下列情形之一的，可以认定行为人具有主观明知，但行为人能够说明药品合法来源或作出合理解释的除外：

(1) 药品价格明显异于市场价格的；

(2) 曾因实施非法收购、销售利用医保骗保购买的药品，受过刑事

立法、司法规范

或行政处罚的;

（3）以非法收购、销售基本医疗保险药品为业的;

（4）长期或多次向不特定交易对象收购、销售基本医疗保险药品的;

（5）利用互联网、邮寄等非接触式渠道多次收购、销售基本医疗保险药品的;

（6）其他足以认定行为人主观明知的。

三、依法惩处医保骗保犯罪

10. 依法从严惩处医保骗保犯罪，重点打击幕后组织者、职业骗保人等，对其中具有退赃退赔、认罪认罚等从宽情节的，也要从严把握从宽幅度。

具有下列情形之一的，可以从重处罚：

（1）组织、指挥犯罪团伙骗取医疗保障基金的;

（2）曾因医保骗保犯罪受过刑事追究的;

（3）拒不退赃退赔或者转移财产的;

（4）造成其他严重后果或恶劣社会影响的。

11. 办理医保骗保刑事案件，要同步审查洗钱、侵犯公民个人信息等其他犯罪线索，实现全链条依法惩治。要结合常态化开展扫黑除恶斗争，发现、识别医保骗保团伙中可能存在的黑恶势力，深挖医保骗保犯罪背后的腐败和"保护伞"，并坚决依法严惩。

12. 对实施医保骗保的行为人是否追究刑事责任，应当综合骗取医疗保障基金的数额、手段、认罪悔罪、退赃退赔等案件具体情节，依法决定。

对于涉案人员众多的，要根据犯罪的事实、犯罪的性质、情节和对于社会的危害程度，以及在共同犯罪中的地位、作用、具体实施的行为区别对待、区别处理。对涉案不深的初犯、偶犯从轻处罚，对认罪认罚的医务人员、患者可以从宽处罚，其中，犯罪情节轻微的，可以依法不起诉或者免除处罚；情节显著轻微、危害不大的，不作为犯罪处理。

13. 依法正确适用缓刑，要综合考虑犯罪情节、悔罪表现、再犯罪的危险以及宣告缓刑对所居住社区的影响，依法作出决定。对犯罪集团的首要分子、职业骗保人、曾因医保骗保犯罪受过刑事追究，毁灭、伪造、隐藏证据，拒不退赃退赔或者转移财产逃避责任的，一般不适用缓刑。对宣告缓刑的犯罪分子，根据犯罪情况，可以同时禁止其在缓刑考验期限内从事与医疗保障基金有关的特定活动。

14. 依法用足用好财产刑，加大罚金、没收财产力度，提高医保骗保犯罪成本，从经济上严厉制裁犯罪分子。要综合考虑犯罪数额、退赃退赔、认罪认罚等情节决定罚金数额。

四、切实加强证据的收集、审查和判断

15. 医保骗保刑事案件链条长、隐蔽深、取证难，公安机关要加强调查取证工作，围绕医保骗保犯罪事实和量刑情节收集固定证据，尤其注重收集和固定处方、病历等原始证据材料及证明实施伪造骗取事实的核心证据材料，深入查明犯罪事实，依法移送起诉。对重大、疑难、复杂和社会影响大、关注度高的案件，必要时可以听取人民检察院的意见。

16. 人民检察院要依法履行法律监督职责，强化以证据为核心的指控体系构建，加强对医保骗保刑事案件的提前介入、证据审查、立案监督等工作，积极引导公安机关开展侦查活动，完善证据体系。

17. 人民法院要强化医保骗保刑事案件证据的审查、判断，综合运用证据，围绕与定罪量刑有关的事实情节进行审查、认定，确保案件事实清楚，证据确实、充分。认为需要补充证据的，应当依法建议人民检察院补充侦查。

18. 医疗保障行政部门在监督检查和调查中收集的物证、书证、视听资料、电子数据等证据材料，经法庭查证属实，且收集程序符合有关法律、行政法规规定的，可以作为定案的根据。

19. 办理医保骗保刑事案件，确因证人人数众多等客观条件限制，无法逐一收集证人证言的，可以结合已收集的证人证言，以及经查证属实的银行账户交易记录、第三方支付结算凭证、账户交易记录、审计报告、医保信息系统数据、电子数据等证据，综合认定诈骗数额等犯罪事实。

20. 公安机关、人民检察院、人民法院对依法查封、扣押、冻结的涉案财产，应当全面收集、审查证明其来源、性质、用途、权属及价值大小等有关证据，根据查明的事实依法处理。经查明确实与案件无关的，应予返还。

公安机关、人民检察院应当对涉案财产审查甄别。在移送起诉、提起公诉时，应当对涉案财产提出处理意见。

21. 对行为人实施医保骗保犯罪所得一切财物，应当依法追缴或者责令退赔。确有证据证明存在依法应当追缴的财产，但无法查明去向，或者价值灭失，或者与其他合法财产混合且不可分割的，可以追缴等值财产或者混合财产中的等值部分。等值财产的追缴数额限于依法查明应当追缴违法所得数额，对已经追缴或者退赔的部分应予扣除。

对于证明前款各种情形的证据，应当及时调取。

22. 公安机关、人民检察院、人民法院要把追赃挽损贯穿办理案件全过程和各环节，全力追赃挽损，做到应追尽追。人民法院在执行涉案财物过程中，公安机关、人民检察院及有关职能部门应当配合，切实履行协作义务，综合运用多种手段，做好涉案财物清运、财产变现、资金归集和财产返还等工作，最大程度减少医疗保障基金损失，最大限度维护人民群众利益。

五、建立健全协同配合机制

23. 公安机关、人民检察院对医疗保障行政部门在调查医保骗保行为或行政执法过程中，认为案情重大疑难复杂，商请就追诉标准、证据固定等问题提出咨询或参考意见的，应当及时提出意见。

公安机关对医疗保障行政部门移送的医保骗保犯罪线索要及时调查，必要时可请相关部门予以协助并提供相关证据材料，对涉嫌犯罪的及时立案侦查。医疗保障行政部门或有关行政主管部门及医药机构应当积极配合办案机关调取相关证据，做好证据的固定和保管工作。

公安机关、人民检察院、人民法院对不构成犯罪、依法不起诉或免予刑事处罚的医保骗保行为人，需要给予行政处罚、政务处分或者其他处分的，应当依法移送医疗保障行政部门等有关机关处理。

24. 公安机关、人民检察院、人民法院与医疗保障行政部门要加强协作配合，健全医保骗保刑事案件前期调查、立案侦查、审查起诉、审判执行等工作机制，完善线索发现、核查、移送、处理和反馈机制，加强对医保骗保犯罪线索的分析研判，及时发现、有效预防和惩治犯罪。公安机关与医疗保障行政部门要加快推动信息共享，构建实时分析预警监测模型，力争医保骗保问题"发现在早、打击在早"，最大限度减少损失。

公安机关、人民检察院、人民法院应当将医保骗保案件处理结果及生效文书及时通报医疗保障行政部门。

25. 公安机关、人民检察院、人民法院在办理医保骗保刑事案件时，可商请医疗保障行政部门或有关行政主管部门指派专业人员配合开展工作，协助查阅、复制有关专业资料或核算医疗保障基金损失数额，就案件涉及的专业问题出具认定意见。涉及需要行政处理的事项，应当及时移送医疗保障行政部门或者有关行政主管部门依法处理。

26. 公安机关、人民检察院、人民法院要积极能动履职，进一步延伸办案职能，根据情况适时发布典型案例、开展以案释法，加强法治宣传教育，推动广大群众知法、守法，共同维护医疗保障基金正常运行和医疗卫生秩序。结合办理案件发现医疗保障基金使用、监管等方面存在的问题，向有关部门发送提示函、检察建议书、司法建议书，并注重跟踪问效，建立健全防范医保骗保违法犯罪长效机制，彻底铲除医保骗保违法犯罪的滋生土壤。

【审判实务答疑】

编者按：法答网是最高人民法院为全国法院四级法院干警提供法律政策运用、审判业务咨询答疑和学习交流服务的信息共享平台。为充分利用法答网资源，在更广范围更深层次发挥法答网释疑解惑交流、促进统一法律适用的功能效用，《刑事审判参考》拟将具有典型性、前沿性的刑法适用咨询答疑进行汇编，不定期收录在"审判实务答疑"栏目中。本期精选了实践中较为常见且争议较大的四个问题答疑，供刑法同仁探讨研究和实务工作者参考借鉴，也欢迎读者朋友们来信来稿交流。

法答网精选答问（一）

问题 1：无证经营成品汽油应当适用非法经营罪还是危险作业罪？

答疑意见：《国务院办公厅关于加快发展流通促进商业消费的意见》（国办发〔2019〕42 号）提出"扩大成品油市场准入。取消石油成品油批发仓储经营资格审批，将成品油零售经营资格审批下放至地市级人民政府"。2020 年 7 月，商务部废止了有关规范成品油许可经营的《成品油市场管理办法》。《危险化学品安全管理条例》第三十三条第一款规定："国家对危险化学品经营（包括仓储经营，下同）实行许可制度。未经许可，任何单位和个人不得经营危险化学品。"2022 年 10 月，《危险化学品目录》作了调整，汽油、柴油、煤油均已被纳入危险化学品目录。但是，考虑到《危险化学品安全管理条例》保护的法益主要是生产安全，而非市场经济秩序,从国家政策导向和法律规定看,将未经审批经营成品油的行为纳入非法经营罪宜持慎重态度。2022年12月,最高人民法院、最高人民检察院联合发布了人民法院、检察机关依法惩治危害生产安全犯罪典型案例,其中,高某海等危险作业案所涉案情即为未经批准擅自存储、销售汽油,并引发事故,以危险作业罪定罪处罚,而非非法经营罪。

需要强调的是,对于危险作业罪"具有发生重大伤亡事故或者其他严重后果的现实危险"的构成要件,要综合考虑具体行为方式、案发地点及危害后果等进行认定,避免适用泛化。同时,应当注意区别对待,对于其他为行为人提供便利条件、参与分装赚取差价的人员,综合考虑其在共同犯罪中所起作用以及认罪认罚等情节,可以依法不纳入刑事追究范围,体现宽严相济的刑事政策。

问题2:掩饰、隐瞒犯罪所得、犯罪所得收益次数应如何认定?

答疑意见:根据《最高人民法院关于审理掩饰、隐瞒犯罪所得、犯罪所得收益刑事案件适用法律若干问题的解释》第三条第一款第二项的规定,"掩饰、隐瞒犯罪所得及其产生的收益十次以上,或者三次以上且价值总额达到五万元以上的",应当认定为刑法第三百一十二条第一款规定的"情节严重",在三年以上七年以下有期徒刑的幅度内升档量刑。对于上述"十次以上""三次以上"的规定,在个案把握中,不宜简单以转账次数为标准,否则容易造成打击面过大、处罚过严的问题。

掩饰、隐瞒的次数要结合案件具体情况来认定。一般来说,认定为一次掩饰、隐瞒,必须是一个独立行为,包括独立的主观故意,独立的掩饰、隐瞒行为,以及独立的行为结果。基于同一个故意,在同一时间、同一地点,同时或者连续为多起上游犯罪掩饰、隐瞒犯罪所得及其收益的,一般应认定为一次掩饰、隐瞒的行为。例如,行为人明知银行卡内接收的多笔资金均系他人诈骗犯罪所得,在同一地点集中将卡内资金连续转出、分流,以逃避追查的,应当认定为一次掩饰、隐瞒犯罪所得的行为。

为同一个上游犯罪行为人同一起犯罪事实的犯罪所得及其收益分多

次予以窝藏、转移、收购、代为销售或者以其他方法掩饰、隐瞒的，基于犯罪对象的同一性，一般也应当认定为一次掩饰、隐瞒犯罪所得及其收益的行为。例如，行为人明知银行卡内接收的一笔资金系某一网络赌场的犯罪所得，仍按照上游开设赌场行为人的指令，将该笔资金在多个银行账号间来回转移并提现的，一般也应当认定为一次掩饰、隐瞒犯罪所得的行为。但是，如果行为人明知卡内还有诈骗团伙犯罪所得的赃款，而予以转移的，掩饰、隐瞒犯罪所得的次数则应当与上述转移赃资的行为分别计算。

问题3：罚金刑的刑事执行案件中对于被执行人名下的唯一住房是否可以执行？

答疑意见：目前刑法、刑事诉讼法及其司法解释对于刑事裁判涉财产部分执行的程序法律规定较为原则。根据《最高人民法院关于刑事裁判涉财产部分执行的若干规定》（法释〔2014〕13号，以下简称《刑事涉财产执行规定》）第十六条的规定，人民法院办理刑事裁判涉财产部分执行案件，刑法、刑事诉讼法及有关司法解释没有相应规定的，参照适用民事执行的有关规定。因此，对于罚金刑的刑事执行案件中被执行人名下唯一住房执行问题，可参照适用民事执行中的相关规定办理。

根据《最高人民法院关于人民法院民事执行中查封、扣押、冻结财产的规定》（以下简称《查封、扣押、冻结规定》）第四条、第五条的规定，对被执行人及其所扶养家属生活所必需的居住房屋，人民法院可以查封，但不得拍卖、变卖或者抵债。对于超过被执行人及其所扶养家属生活所必需的房屋和生活用品，人民法院根据申请执行人的申请，在保障被执行人及其所扶养家属最低生活标准所必需的居住房屋和普通生活必需品后，可予以执行。根据《最高人民法院关于人民法院办理执行异议和复议案件若干问题的规定》第二十条规定，申请执行人按照当地廉租住房保障面积标准为被执行人及所扶养家属提供居住房屋，或者同意参照当地房屋租赁市场平均租金标准从该房屋的变价款中扣除五年至八年租金时，被执行人以执行标的系本人及所扶养家属维持生活必需的居住房屋为由提出异议的，人民法院不予支持。

需要注意的是，被执行人及其所扶养家属的"唯一住房"和"生活必需住房"两个概念并不完全相同。被执行人及其所扶养家属唯一的住房，并非完全不能作为强制执行的标的物，如果能够保障被执行人及其所扶养家属维持生活必需的居住条件，可采取相应的方式予以执行。"唯一住房"是否为被执行人"生活必需"应结合被执行人的经济状况、房屋实际占有使用情况以及房屋的价值、地理位置等因素来综合考量、认定。若房屋存在出租、出借给他人使用等并非用来实际居住的情形，则可以认定被执行人并非依靠涉案房产维持其基本生存，人民法院可对该房产予以执行；若房屋面积较大或者价值较高，超过被执行人及其所扶养家属生活必需，可根据《查封、扣押、冻结规定》第五条的规定，采取"以小换大、以差换好、以远换近"等方式，在保障被执行人及其所扶养家属基本居住条件的前提下，对该"唯一住房"进行置换，将超过生活必需部分的房屋变价款用于执行财产刑。

问题4： 公司被申请破产，该公司的财产被另案刑事判决认定为涉案财产，该部分涉案财产是否属于破产财产？如果属于破产财产，刑事追赃债权在破产案件中的清偿顺位如何？

答疑意见： 所提问题中所称的"涉案财产"是一个比较模糊的提法，应当区分不同情况：第一，如果刑事判决泛泛地认定破产企业财产属于涉案财产，没有明确破产企业的哪些财产属于赃款赃物，应由刑事案件合议庭作出进一步说明，或作出补正裁定。不能说明或者作出补正裁定的，可由刑事被害人作为破产程序中的普通债权人申报债权。第二，如果刑事判决对破产企业特定财产明确为赃款赃物（包括按上述第一点通过进一步说明或补正裁定明确特定财产为赃款赃物），原则上应尊重刑事判决的认定，并依据《最高人民法院、最高人民检察院、公安部关于办理非法集资刑事案件若干问题的意见》第九条第四款关于"查封、扣押、冻结的涉案财物，一般应在诉讼终结后返还集资参与人。涉案财物不足全部返还的，按照集资参与人的集资额比例返还。退赔集资参与人的损失一般优先于其他民事债务以及罚金、没收财产的执行"的规定，将此部分财产从破产财产中剔除出去，由刑事程序退赔给有关被害人。这里应当注意的是：(1) 非法集资参与人优先于其他民事债务的财产范围限于"涉案财产"即赃款赃物，不能扩大到被告人的其他合法财产。也就是说，第九条所规定的优先于其他民事债务，是指被明确认定为非法集资等犯罪行为涉及的赃款赃物，而不应扩大财产范围，优先于其他民事债务受偿。(2) 刑事判决虽判令追缴、退赔"赃款赃物"，但该赃款赃物之原物已不存在或者已与其他财产混同的，被害人的损失在破产程序中只能与其他债权按损失性质（通常为普通债权）有序受偿。比如，刑事判决判令追缴刑事被告人100万元，但该100万元在被告人处并无对应的（被查封之）赃款时（缺乏原物时），该追缴只能在破产程序中与其他普通债权一起有序受偿。(3) 刑事判决中的涉案财产被刑事被告人用于投资或置业，行为人也已取得相应股权或投资份额的，按照《最高人民法院关于适用〈中华人民共和国刑事诉讼法〉的解释》第四百四十三条和《刑事涉财产执行规定》第十条第二款、第三款的规定，只能追缴投资或置业所形成的财产及收益，而涉案财产本身不应再被追缴或者没收。(4) 涉案财产已被刑事被告人用于清偿合法债务、转让或者设置其他权利负担，善意案外人通过正常的市场交易、支付了合理对价，并实际取得相应权利的，按照《刑事涉财产执行规定》第十一条第二款的规定，亦不得追缴或者没收。

【经验交流】

江苏省高级人民法院　江苏省人民检察院　江苏省公安厅
办理侵犯商业秘密刑事案件的指引

2024年1月8日　　　　　　　　　　　苏高法〔2023〕243号

为加强商业秘密刑事司法保护，统一办案标准，规范办案程序，提高办案水平，形成工作合力，维护公平竞争的市场秩序，优化法治化营商环境，江苏省高级人民法院、江苏省人民检察院、江苏省公安厅就办理侵犯商业秘密刑事案件相关问题形成本指引。

一、办理侵犯商业秘密刑事案件的总体要求

一是坚持严格公正司法。坚持罪刑法定、罪责刑相适应，坚持以审判为中心，贯彻宽严相济刑事政策，准确适用认罪认罚从宽制度，做到依法定罪量刑、宽严有据、罚当其罪。

二是坚持保护激励创新。充分发挥保护商业秘密激励创新的知识产权制度功能，进一步提升商业秘密刑事保护效能。重点打击侵犯创新程度高、对经济社会发展具有突破和推动作用、涉关键领域核心技术商业秘密的犯罪行为，激励高质量创新和关键核心技术攻关；严厉打击情节恶劣的犯罪行为，努力维护诚信守法、公平竞争的市场秩序。

三是坚持实体程序并重。充分考虑商业秘密无形性，犯罪行为隐蔽性，损失数额或违法所得难以确定等特点，依法妥善处理侵犯商业秘密刑事案件，保证判决结果公正、程序正当，切实维护权利人的合法权益。

推动民事侵权诉讼程序与刑事司法程序的协调,避免处理结果冲突。减轻权利人维权成本、举证负担,依法保障权利人、犯罪嫌疑人、被告人的实体与程序权益。

二、关于"商业秘密"的认定

依据《中华人民共和国反不正当竞争法》及《最高人民法院关于审理侵犯商业秘密民事案件适用法律若干问题的规定》等相关法律、司法解释规定,依法认定权利人主张的信息是否属于商业秘密。

(一) 商业秘密的内涵及类型

商业秘密,是指不为公众所知悉、具有商业价值并经权利人采取相应保密措施的技术信息、经营信息等商业信息。权利人主张的商业秘密内容应当具体明确。

1. 技术信息,是指与技术有关的结构、原料、组分、配方、材料、样品、样式、植物新品种繁殖材料、工艺、方法或其步骤、算法、数据、计算机程序及其有关文档等信息。可以是一项完整的技术方案,也可以是完整技术方案中的一个或若干个相对独立的技术要点。

常见的技术信息包括图纸中的尺寸公差、形位公差、粗糙度、图样画法(表达方法)、尺寸标法、技术要求;产品配方中的配料、成分比例;工艺流程中的材料、配比、数值、环节、步骤;计算机程序代码、为满足一定技术目的而设定的参数、具体的算法等。

权利人不能笼统主张设计图纸、生产工艺或计算机代码构成技术秘密,应当明确构成技术秘密的具体内容、环节、步骤等。

主张计算机软件中的算法构成技术秘密的,应当明确算法需要解决的问题、步骤、步骤之间的逻辑关系以及架构等内容。

2. 经营信息,是指与经营活动有关的创意、管理、销售、财务、计划、样本、招投标材料、客户信息、数据等信息。可以是一个完整的经营方案,也可以是经营方案中若干相对独立的信息要素个体或组合。

客户信息包括客户名称、地址、联系方式以及交易习惯、意向、内容等信息。

权利人不能仅以双方存在长期稳定交易关系为由主张特定客户信息构成商业秘密，应当明确其通过商业谈判、长期交易等获得的独特内容，如客户特定需求、交易习惯、供货时间、价格底线、利润空间、采购渠道、销售渠道、生产经营能力等，避免将公众所知悉的客户名称、地址等信息作为商业秘密保护。

(二) 商业秘密的构成要件

商业秘密的构成要件，应当从该信息在犯罪行为发生时"不为公众所知悉"、具有"商业价值"以及权利人采取了相应的"保密措施"三个要件审查认定。

(三) "不为公众所知悉"的认定

1. 总体思路。权利人应当明确其主张构成商业秘密的相关信息与公众所知悉信息的区别。其请求保护的信息在犯罪行为发生时不为所属领域的相关人员普遍知悉和容易获得的，应当认定为不为公众所知悉。

不为公众所知悉的"公众"主体范围并不局限于信息所属领域内人员，但相关信息已被所属领域内的多数人或一般人知悉的，则自然为公众所知悉。

2. 认定技术信息是否不为公众所知悉，可以依据技术专家、技术调查官或者其他有专门知识的人提供的专业意见以及科技查新检索报告等，必要时可以通过技术鉴定等手段解决。

3. 认定客户信息是否不为公众所知悉，应当注意审查该客户信息的特有性，权利人是否为该信息的形成付出了一定的劳动、金钱和努力，以及该信息是否公开或者易于从正常渠道获得。通常应当审查权利人与客户之间是否具备相对稳定的交易关系，一次性、偶然性交易以及尚未发生实际交易的客户一般不构成商业秘密意义上的客户信息。

4. 犯罪嫌疑人、被告人对相关信息不为公众所知悉提出异议的，应当提供相应的材料或者线索，供办案机关查证。

有证据证明存在下列情形之一的，可以认定为公众所知悉：

（1）该信息在所属领域属于一般常识或者行业惯例的；

（2）该信息仅涉及产品的尺寸、结构、材料、部件的简单组合等内容，所属领域的相关人员通过观察上市产品即可直接获得的；

（3）该信息已经在公开出版物或者其他媒体上公开披露的，如在国家或者行业技术标准、教科书、工具书、词典、专利文献、公开发行的学术专著或者刊物等公开出版物上公开的；

（4）该信息已通过公开的报告会、展览等方式公开的；

（5）所属领域的相关人员从其他公开渠道可以获得该信息的。

下列情形不影响相关信息不为公众所知悉的认定：

（1）将为公众所知悉的信息进行组合、整理、改进、加工后形成的新信息，符合不为公众所知悉标准与条件的；

（2）专利审查员、药品审查机构人员等政府职能部门工作人员因履行专利、药品等审批职责而知悉商业秘密的。

（四）"商业价值"的认定

权利人请求保护的信息因不为公众所知悉而具有现实或者潜在的商业价值，能为其带来竞争优势，包括但不限于以下情形的，可以认定其具有商业价值：

1. 能够给权利人带来一定经济收益的；

2. 能够实施，并实现一定创新目的，达到一定创新效果的；

3. 能够对权利人的生产经营产生重大影响的；

4. 权利人为了获得该信息，付出了相应的投入、研发成本或者经营成本的；

5. 该信息能够为权利人带来竞争优势的其他情形。

生产经营活动中形成的阶段性成果符合前款规定的，可以认定具有商业价值。

(五)"相应保密措施"的认定

1. 总体思路。应当综合考虑商业秘密及其载体的性质、商业秘密的商业价值,保密措施的可识别程度、保密措施与商业秘密的对应程度以及权利人的保密意愿等因素,认定权利人是否采取了相应保密措施。保密措施通常能够阻止商业秘密被他人获得,并不要求万无一失;保密措施要能够使承担保密义务的相对人意识到相关信息需要保密。

对于权利人在信息形成一段时间以后才采取保密措施的,应当结合具体案情从严审查,没有相反证据证明该信息已经泄露的,可以认定保密措施成立。

2. 保密措施的形式。具有下列情形之一,在正常情况下能够防止商业秘密泄露的,应当认定权利人采取了相应保密措施:

(1) 签订保密协议或者在合同中约定保密义务的;

(2) 通过章程、培训资料、规章制度、书面告知等方式,对能够接触、获取商业秘密的员工、前员工、供应商、客户、来访者等提出保密要求的;

(3) 对涉密的厂房、车间等生产经营场所限制来访者或者进行区分管理的;

(4) 以标记、分类、隔离、加密、封存、限制能够接触或者获取的人员范围等方式,对商业秘密及其载体进行区分和管理的;

(5) 对能够接触、获取商业秘密的计算机设备、电子设备、网络设备、存储设备、软件等,采取禁止或者限制使用、访问、存储、复制等措施的;

(6) 要求离职员工登记、返还、清除、销毁其接触或者获取的商业秘密及其载体,继续承担保密义务的;

(7) 采取其他合理保密措施的。

3. 概括性保密条款的认定。要求保密的商业秘密内容原则上应当具体明确，但对于保密协议、保密条款、劳动合同、规章制度等仅对保守商业秘密作概括性要求，未明确保密的具体信息内容的保密措施不能一概否定，需要结合犯罪嫌疑人、被告人事后是否实际知悉其接触或者获取的信息为商业秘密、是否采取不正当手段以及相关信息实际泄密的可能性等因素综合判断。

具有下列情形之一的，可以认定概括性保密条款为有效、合理的保密措施：

（1）权利人在日后工作中明确告知犯罪嫌疑人、被告人相关信息为商业秘密；

（2）根据诚实信用原则以及合同的性质、目的、缔约过程、交易习惯等，犯罪嫌疑人、被告人知道或者应当知道其接触或获取的信息属于商业秘密；

（3）犯罪嫌疑人、被告人故意采用不正当手段获取权利人主张保护的信息，或者披露、使用、允许他人使用以不正当手段获取的信息，而且也无证据证明该信息在此前已经被公开。

三、关于"侵犯商业秘密行为"的认定

（一）关于"以不正当手段获取商业秘密"的认定

1. 总体思路。认定此项行为的前提是犯罪嫌疑人、被告人此前并不掌握、知悉或者持有商业秘密，应当排除因法律规定、职务职责或者合同约定，合法掌握、知悉或者持有商业秘密的情形，以区别于"违反保密义务或者违反权利人有关保守商业秘密的要求"的行为。

2. "盗窃、贿赂、欺诈、胁迫、电子侵入或者其他不正当手段"的认定。

（1）盗窃，是指通过秘密窃取商业秘密载体或者未经授权通过摄影、摄像、复制、监听等手段获取商业秘密的行为。窃取的对象，包括商业秘密的有形载体或者有形载体内包含的电子信息。偷阅商业秘密后，凭

借记忆将其再现出来,也应当认定为盗窃方式。

盗窃必须有窃取商业秘密的主观目的。以窃取普通财物为目的,实际获得商业秘密的,不构成侵犯商业秘密罪。窃取时不知道是商业秘密,事后发现是商业秘密仍进行披露、使用或者允许他人使用,可以认定为以不正当手段获取。

(2)贿赂,是指通过给予财物、高薪、股份或者许诺职位升迁等财产性利益或者非财产性利益的方式,获取商业秘密的行为。

因贿赂行为存在侵犯商业秘密罪与商业贿赂犯罪竞合的,需要结合个案情况,根据竞合理论定罪量刑。

(3)欺诈,是指采用虚构事实、隐瞒真相的方式,使他人陷于错误认识而交付商业秘密的行为。

(4)胁迫,是指通过对生命、健康、隐私、财产、声誉等方面的损害、威胁或要挟的方式,获取商业秘密的行为。

(5)电子侵入,是指采用黑客、木马等技术手段,破坏他人技术防范措施,侵入计算机信息系统等,获取商业秘密的行为,通常采用破解、盗窃身份认证信息、强行突破安全工具等方式。采取未经授权或者超越授权使用计算机信息系统等方式窃取商业秘密的,应当认定为电子侵入方式。

因电子侵入行为存在侵犯商业秘密罪和非法获取计算机信息系统数据罪竞合的,根据竞合理论定罪量刑。

3. 以不正当手段获取商业秘密构成犯罪,不以使用为前提。以不正当手段获取商业秘密的载体,尚未从该载体中提取相关信息的,可以认定为已获取商业秘密。

4. 其他不正当手段的性质和严重程度应当与盗窃、贿赂、欺诈、胁迫、电子侵入等行为相当,行为本身即是不法行为。一般而言,以违反法律规定、诚实信用原则或者公认的商业道德的方式获取权利人的商业秘密的,应当认定属于以其他不正当手段获取商业秘密。

5. 通过自行开发研制或者反向工程获得被诉侵权信息的,不属于侵犯商业秘密的行为。

反向工程，是指通过技术手段对从公开渠道取得的产品进行拆卸、测绘、分析等而获得该产品的有关技术信息。

以不正当手段获取权利人的商业秘密后，又以反向工程为由提出抗辩的，不予采信。

(二) 关于"违反保密义务或者违反权利人有关保守商业秘密的要求"的认定

1. 总体思路。认定此项行为的前提是犯罪嫌疑人、被告人根据法律规定、职务职责或者合同约定，合法掌握、知悉或者持有权利人的商业秘密。

对于因为工作便利能够接触权利人的商业秘密，但通常情形下并不需要知悉或掌握商业秘密的犯罪嫌疑人、被告人，利用工作便利主动搜集，获取商业秘密的，应当认定为以不正当手段获取商业秘密。

2. 默示保密义务。对于虽未约定保密义务，但根据诚实信用原则以及合同的性质、目的、缔约过程、交易习惯等，知道或者应当知道其接触或获取的信息属于商业秘密的主体，也应当承担保密义务，具体包括权利人的员工、前员工、交易相对人以及其他单位或自然人。

认定员工、前员工是否有渠道或者机会获取权利人的商业秘密，可以考虑与其有关的下列因素：

（1）职务、职责、权限；

（2）承担的本职工作或者单位分配的任务；

（3）参与和商业秘密有关的生产经营活动的具体情形；

（4）是否保管、使用、存储、复制、控制或者以其他方式合法接触、获取商业秘密及其载体；

（5）需要考虑的其他因素。

(三) 关于"以侵犯商业秘密论"的认定

1. 总体思路。该项行为主体为"以不正当手段获取商业秘密"及

"违反保密义务或者违反权利人有关保守商业秘密的要求"之外的第三人，具体表现为明知商业秘密来源不合法，仍然获取、使用、披露或者允许他人使用该商业秘密。

2. "明知"是该类行为构成犯罪的必要条件，即明确知道该商业秘密来源不合法，包括但不限于以下情形：

（1）明知他人由于侵犯商业秘密行为承担过民事责任、受过行政处罚甚至刑事处罚；

（2）明知他人系职业性商业间谍。

（四）"披露、使用或者允许他人使用商业秘密"的认定

1. 披露，是指将商业秘密告知权利人以外的其他人，或者将商业秘密内容公之于众。披露的公开化程度或者受众的多少，一般不影响披露行为的成立。

2. 使用，是指在生产经营活动中直接使用商业秘密，或者对商业秘密进行修改、改进后使用，或者根据商业秘密调整、优化、改进有关生产经营活动。

3. 允许他人使用，是指将自己持有的权利人的商业秘密有偿或者无偿地提供给他人，或者指导他人用于生产经营活动等。

（五）同一性判定

1. 涉案信息与权利人的商业秘密相同或者实质性相同，或者与商业秘密中对实现技术目的、效果起关键作用的部分相同的，可以认定两者具有同一性。

在认定是否构成实质性相同时，可以考虑下列因素：

（1）涉案信息与商业秘密的异同程度；

（2）所属领域的相关人员在侵犯商业秘密行为发生时是否容易想到涉案信息与商业秘密的区别；

（3）涉案信息与商业秘密的用途、使用方式、目的、效果等是否具

有实质性差异；

（4）公有领域中与商业秘密相关信息的情况；

（5）需要考虑的其他因素。

2. 计算机软件涉及的商业秘密同一性判定应当围绕涉案商业秘密保护对象进行，通常比对犯罪嫌疑人、被告人和权利人的源程序代码。

如果犯罪嫌疑人、被告人的源程序代码无法获取，可以通过目标程序代码的反编译代码进行比对，以判定两者是否相同或者实质性相同。如果犯罪嫌疑人、被告人计算机软件中目标程序代码的反编译代码，与权利人程序代码中算法核心功能模块的相应代码段相同或者实质性相同的，可以认定两者具有同一性。

以未公开的目标程序代码，或者以源程序代码体现的技术方案为商业秘密保护对象的，以相应的内容进行比对。

（六）共同犯罪的认定

不承担保密义务的犯罪嫌疑人、被告人与承担保密义务的犯罪嫌疑人、被告人通谋，共同实施侵犯商业秘密行为，构成共同犯罪的，根据具体情形分别认定：

1. 不承担保密义务的犯罪嫌疑人、被告人通过利诱、贿赂等方式诱使承担保密义务的犯罪嫌疑人、被告人披露权利人商业秘密的，认定两者以不正当手段获取商业秘密。

2. 承担保密义务的犯罪嫌疑人、被告人主动向他人披露，或者允许其使用权利人商业秘密，以获取财产性或非财产性利益的，认定两者违反保密义务或者违反权利人有关保守商业秘密的要求侵犯商业秘密。

四、关于侵犯商业秘密"情节严重"和"情节特别严重"的认定

（一）总体思路

认定侵犯商业秘密犯罪"情节严重""情节特别严重"时，可以以

给权利人造成重大损失作为主要认定标准,并根据相关司法解释的规定确定给权利人造成的损失数额或者违法所得数额。

(二)"直接导致商业秘密的权利人因重大经营困难而破产、倒闭"的认定

侵犯商业秘密造成商业秘密的商业价值大幅降低、权利人商誉严重受损、大量减产、客户大量流失或者丧失大部分市场份额等导致权利人重大经营困难而破产、倒闭的,可以认定为直接导致商业秘密的权利人因重大经营困难而破产、倒闭。

权利人因重大经营困难而破产、倒闭的后果与侵犯商业秘密行为必须具有直接的因果关系,对破产、倒闭起主要、决定性作用。

(三)"合理许可使用费"的认定

以合理许可使用费作为认定损失的标准,应当仅限于以不正当手段获取商业秘密的情形。

合理许可使用费,可以综合涉案商业秘密权利人许可使用相同或者其他商业秘密权利人许可使用类似商业秘密收取的费用,以及商业秘密的类型、商业价值、许可的性质、内容、实际履行情况,侵犯商业秘密犯罪行为的情节、后果等因素认定。

(四)"商业价值"的认定

因侵犯商业秘密行为导致商业秘密已为公众所知悉或者灭失的,可以根据其商业价值来认定损失数额。

商业价值,可以根据商业秘密的研究开发成本、实施该项商业秘密的收益,包括实际已获得的利益和预期可得利益,以及可保持竞争优势的时间等相关因素综合确定。

(五)"财产性利益"的认定

利用权利人的商业秘密作为对价获得的股权、债权等利益可以认定

为财产性利益。

犯罪嫌疑人、被告人已经按照约定将商业秘密交付但尚未实际取得的财产性利益,或者商业秘密尚未交付但已取得的财产性利益,可以认定为其实际获取的违法所得。商业秘密尚未交付,亦未实际取得财产性利益的,该财产性利益不认定为违法所得。

(六)确定权利人损失数额或者犯罪嫌疑人、被告人违法所得数额时技术贡献率的适用

被侵犯的技术秘密系整体技术方案的一部分或者侵犯商业秘密的产品系另一产品零部件,该技术信息或零部件在整体技术方案或者整个产品中起核心或决定性作用的,可以以整体方案或者整个产品产生的利润计算。不起核心或决定性作用的,在可以区分的条件下,应当根据该技术信息、零部件在整体技术方案、整个产品中所起的作用、对于实现整体技术效果的贡献率等因素,合理确定权利人损失数额或者犯罪嫌疑人、被告人违法所得数额。

技术贡献率可以根据鉴定意见、审计评估意见、技术专家或者技术调查官咨询意见以及其他在案证据,审查涉案技术秘密对于提高生产效率、降低经营成本等方面的作用综合确定。

五、关于侵犯商业秘密刑事案件的技术鉴定

(一)鉴定的选择

办理侵犯商业秘密刑事案件过程中,可以就专门性问题委托鉴定。如通过召开专家会议、技术调查官辅助办案等方式能够查明技术事实的,可以不通过鉴定方式解决。是否需要委托技术鉴定由办案机关综合考虑具体案情决定。非技术事实如经营信息是否不为公众所知悉以及同一性的查明,一般不通过鉴定方式解决。

(二) 鉴定机构的确定

对于需要鉴定的事项，应当委托具备相应资格和专门知识的人员，具有相应检测设备和检测条件等鉴定能力的鉴定机构鉴定。

涉及特殊技术领域的鉴定，鉴定机构因缺乏专业检测设备，可以委托其他检测机构就鉴定事项中的部分内容进行技术检测，但应当审查被委托单位的资质、检测条件，并就委托过程作详细记载说明，鉴定人对根据检测结果出具的鉴定意见承担法律责任。

已就同一事项经权利人、被告人、犯罪嫌疑人或者其他办案机关委托鉴定过的，一般不再委托同一鉴定机构进行鉴定。

(三) 鉴定机构及鉴定人的回避

办案机关委托技术鉴定的，应当对鉴定机构及鉴定人，是否具备鉴定条件与能力，与办案人员、权利人及其委托代理人、犯罪嫌疑人、被告人及其辩护人、案件审理是否存在法律上的利害关系，以及其他可能影响公正鉴定的情形进行审查。鉴定机构具有上述情形的，不得委托其鉴定；鉴定人具有上述情形的，应当及时要求鉴定机构更换。

办案机关应当及时将鉴定机构以及鉴定人情况告知权利人、犯罪嫌疑人、被告人，并明确告知其申请回避的权利及期限。确因案件侦查等客观原因不能及时告知上述信息的，应当在相关事由消失后及时告知。鉴定机构及鉴定人情况，应当包括鉴定机构名称，鉴定人姓名、工作单位、职务、职称、学历、专业领域等基本情况。

权利人、犯罪嫌疑人、被告人提出回避申请的，办案机关应当认真审查后作出决定，并告知申请人，口头告知的应当记入笔录。回避理由正当的，应当重新确定鉴定机构和鉴定人。

上述回避规定适用于接受鉴定机构委托的检测机构及检测人员。

(四) 鉴定事项的确定

1. 委托技术鉴定前应当固定权利人主张的技术秘密的具体内容。

2. 委托鉴定书中应当准确无误地表述委托鉴定的事项，并要求鉴定机构在充分收集相关技术资料的基础上，根据鉴定程序和规则公正出具鉴定意见。

委托鉴定事项一般包括权利人主张的技术信息是否为公众所知悉；犯罪嫌疑人、被告人使用的技术信息与权利人主张的技术秘密是否相同或者实质性相同等。

鉴定事项应当具有可操作性，避免将一些无法通过技术手段鉴定的内容，或者属于法律判断内容等无需委托鉴定的事项，交由鉴定机构或鉴定人判定。

3. 同一性鉴定应当将犯罪嫌疑人、被告人实际使用的技术方案与权利人的技术方案进行比对。因实际使用的技术方案已经被破坏等原因无法比对的，可以采用犯罪嫌疑人、被告人技术资料或者产品等载体反映的技术方案进行比对。

4. 对于以不正当手段获取权利人技术秘密后未使用的，可以不做同一性鉴定。

5. 权利人记载技术秘密的技术资料与从犯罪嫌疑人、被告人处调取的其实际使用的技术资料相同的，可以不做同一性鉴定。

（五）鉴定的预审查

1. 鉴定前，办案机关应当根据案件情况当面或者书面听取权利人、犯罪嫌疑人、被告人对鉴定检材、鉴定事项的意见。当面听取意见的，应当制作笔录。对于权利人、犯罪嫌疑人、被告人提出的意见，办案机关应当认真审查，及时将意见转告鉴定机构，要求其充分审查并吸收正当、合理意见。

2. 鉴定意见正式出具前，办案机关可以在不影响鉴定机构独立作出鉴定结论的前提下，针对鉴定意见初稿中鉴定过程记载是否清楚详细、鉴定程序是否规范、鉴定意见是否符合委托要求以及鉴定意见的表述是否清晰等方面进行预审查，提出意见。

(六) 鉴定意见的审查

1. 办案机关应当严格审查委托鉴定的程序以及鉴定意见内容，包括鉴定机构和鉴定人是否具有法定资质、是否存在应当回避的情形；检材的来源、取得、保管、送检是否符合法律、有关规定，与相关提取笔录、扣押清单等记载的内容是否相符，检材是否可靠；鉴定意见的形式要件是否完备；鉴定程序是否符合法律、有关规定；鉴定的过程和方法是否符合相关专业的规范要求；鉴定意见是否明确；鉴定意见与案件事实有无关联；鉴定意见与勘验、检查笔录及相关照片等其他证据是否矛盾，如果存在矛盾，能否得到合理解释。

鉴定意见存在内容不清晰、语义分歧等情形的，可以向鉴定机构、鉴定人询问，或者调取鉴定人在鉴定过程中的陈述等，并要求其详细说明。

2. 办案机关应当听取权利人、犯罪嫌疑人、被告人对鉴定程序和鉴定意见的意见。当面听取意见的，应当制作详细笔录。权利人、犯罪嫌疑人、被告人对鉴定意见提出异议的，办案机关应当认真审查，可以要求鉴定机构作出相应说明，必要时可以听取技术调查官、专家辅助人的意见。

3. 人民法院在开庭审理中，应当组织控辩双方就鉴定意见进行质证。权利人、被告人对鉴定意见提出异议的，人民法院可以根据案件审理需要，要求鉴定人出庭接受询问或作出书面说明。

六、办理侵犯商业秘密刑事案件的程序问题

(一) 公安机关受理条件

报案人报案或者控告时，应当提供以下初步证据证明其主张的商业秘密以及存在涉嫌犯罪行为：

1. 商业秘密具体内容及载体；

2. 商业秘密的权属证明材料；

3. 商业秘密不为公众所知悉的鉴定意见、查新检索报告或专家意见等；

4. 商业秘密具有商业价值并采取相应的保密措施；

5. 被控告人实施侵犯商业秘密行为的相关线索；

6. 商业秘密被侵犯造成权利人损失数额在 30 万元以上或者导致因重大经营困难而破产、倒闭的初步证据。

报案人可以一并提交被控告人使用的技术信息、经营信息等与其商业秘密相同或实质性相同的证据。

（二）立案审查

公安机关经审查，认为有涉嫌犯罪的事实，或者其他情节符合侵犯商业秘密罪的立案追诉标准，需要追究刑事责任且属于本地公安机关管辖的，应当立案侦查。

对不符合立案条件的，依法作出不予立案决定，告知报案人通过民事诉讼、行政程序等途径解决。对于需要追究刑事责任但不属于本地公安机关管辖的，应当移送有管辖权的公安机关。

（三）准确、慎重适用强制措施

办理侵犯商业秘密案件，应当严格依照法定程序，准确适用限制被控告人人身、财产权利的强制性措施。在被控告人使用的技术信息、经营信息等与权利人主张的商业秘密相同或实质性相同的认定意见作出前，原则上不采取限制人身、财产权利的强制性措施。

（四）管辖

侵犯商业秘密刑事案件由犯罪地县级公安机关负责受理侦办，派出所不得办理。必要时，市级公安机关可以办理由县级公安机关管辖的侵犯商业秘密刑事案件。

侵犯商业秘密刑事案件的审查逮捕、审查起诉、法律监督由负责管辖知识产权案件的基层人民检察院办理。对案情重大、复杂的侵犯商业秘密刑事案件，必要时，经市级人民检察院与中级人民法院协商后，可由市级人民检察院向中级人民法院提起公诉。

侵犯商业秘密刑事案件由具有知识产权民事案件管辖权的基层人民法院审判。必要时，中级人民法院可以审判基层人民法院管辖的第一审侵犯商业秘密刑事案件；基层人民法院认为案情重大、复杂需要由中级人民法院审判的第一审侵犯商业秘密刑事案件，可以请求移送中级人民法院审判。

（五）刑民交叉案件的程序处理

审理刑事案件过程中，被害人提出附带民事诉讼，且不违反民事案件级别管辖规定的，可以探索开展附带民事诉讼，一并解决民事赔偿问题。刑事附带民事诉讼案件结案后，被害人不得再次提起民事诉讼。

因同一被诉侵犯商业秘密行为分别发生侵犯商业秘密的民事侵权纠纷和涉嫌刑事犯罪案件，原则上两案可以分别处理，但办案机关应当加强协调，保证处理结果相统一。

当事人以涉及同一被诉侵犯商业秘密行为的刑事案件尚未审结为由，请求中止审理侵犯商业秘密民事案件，人民法院在听取当事人意见后认为必须以该刑事案件的审理结果为依据的，应当裁定中止诉讼，待刑事案件审结后，再恢复民事案件的审理。如果民事案件不是必须以该刑事案件的审理结果为依据，则民事案件应当继续审理。

同时承担刑事责任和民事责任的被告人，其财产不足以全部支付的，应当先行承担对被害人的民事赔偿责任。

【实务探讨】

国有企业腐败犯罪法律适用相关问题研究[①]
——以江苏法院审结的960件国有企业腐败犯罪案件为主要样本

国有企业是中国特色社会主义的重要物质基础和政治基础,是党执政兴国的重要支柱和依靠力量。党的十八大以来,以习近平同志为核心的党中央高度重视国有企业发展,习近平总书记就国有企业改革发展和党的建设发表一系列重要讲话、部署一系列重大举措,为新时代国资国有企业事业发展指明了前进方向、提供了根本遵循。依法惩治国有企业腐败犯罪是人民法院担负的重要职责使命。近年来,各级人民法院坚持以习近平新时代中国特色社会主义思想为指导,全面贯彻党中央反腐败斗争决策部署,充分发挥审判职能作用,依法从严惩处国有企业腐败犯罪,不断深化国有企业腐败综合治理效能,为坚决打好国有企业党风廉政建设和反腐败斗争攻坚战持久战提供了有力司法保障。

国有企业资金密集、资源富集、资产聚集,近年来腐败问题较多,是反腐败工作的重点领域。相较于一般职务犯罪案件,国有企业腐败犯罪案件中关联交易、设租寻租、套取挪用等"靠企吃企"现象突出,"影子股东""影子公司""政商旋转门"等新型腐败、隐性腐败翻新升级,失职渎职与贪贿行为相伴交织。当前国有企业腐败犯罪领域的理论研究

[①] 课题组成员:(最高人民法院)段凰,(江苏省高级人民法院)叶巍、陈劲草、刘桂源,(江苏省无锡市中级人民法院)楼炯燕、范凯、王星光,(江苏省泰州市中级人民法院)吴晓蓉、祝年玺、赵铖柯。

与司法实践脱节较为严重，国有企业腐败犯罪刑事审判中仍存在事实认定、法律适用、刑事政策把握等诸多问题。为更好应对新形势下国有企业反腐败斗争的新要求，推动职务犯罪审判工作高质量发展，课题组以党的十八大以来江苏法院审结的国有企业腐败犯罪案件作为主要分析样本，结合重点案件梳理、实地调研等情况，深刻剖析国有企业腐败犯罪案件审判中遇到的实践问题，提出针对性的对策建议，以期统一法律认识、指导司法实践、丰富理论研究，进一步提升国有企业腐败犯罪案件办理质效。

一、国有企业腐败犯罪案件的总体情况和主要特点

（一）国有企业腐败犯罪案件的总体情况

党的十八大以来（截至 2023 年 9 月），江苏法院审结国有企业腐败犯罪案件 960 件，其中一审案件 777 件，二审案件 183 件，一审生效判决被告人 885 人。

1. 在罪名分布上，以受贿罪、贪污罪、挪用公款罪为主

江苏法院分别一审审结受贿、贪污、挪用公款案件 476 件、131 件、119 件，各占比 61.26%、16.86%、15.32%，三个罪名案件数占全部案件数的 93.44%。此外，审结国有公司、企业、事业单位人员滥用职权案件 28 件，国有公司、企业、事业单位人员失职案件 8 件，私分国有资产案件 8 件，单位受贿、单位行贿案件各 2 件，非法经营同类营业，为亲友非法牟利，签订、履行合同失职被骗案件各 1 件。① 国有企业腐败犯罪案件罪名分布情况见图 1。

2. 在地域分布上，全省各地区审结案件数量差异较大

审结的 777 件案件中，苏州、常州、南通、泰州地区审结国有企业腐败犯罪案件数量较多，分别为 95 件、79 件、70 件、70 件，各占比

---

① 国有企业腐败犯罪一审案件中，涉及多罪名案件共 226 件，占比 29.09%。为确保数据统计的规范性与一致性，本文根据主罪名统计案件数量。

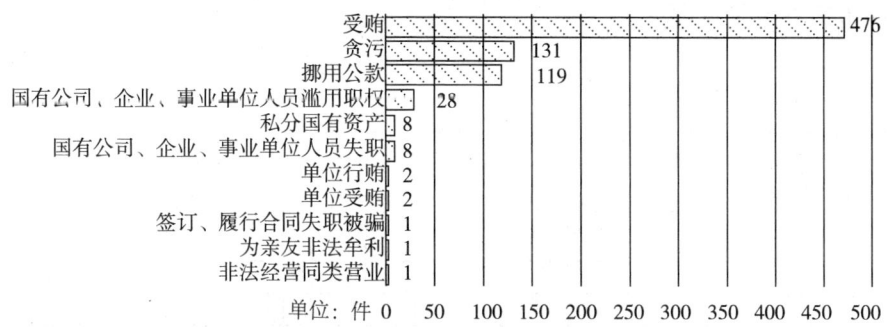

图 1 国有企业腐败犯罪案件罪名分布情况

12.23%、10.17%、9%、9%；宿迁、淮安、盐城审结案件数量较少，分别为 26 件、38 件、38 件，各占比 3.35%、4.89%、4.89%。苏州地区审结的案件数量是宿迁地区的 3.65 倍。国有企业腐败犯罪案件地区分布情况见图 2。

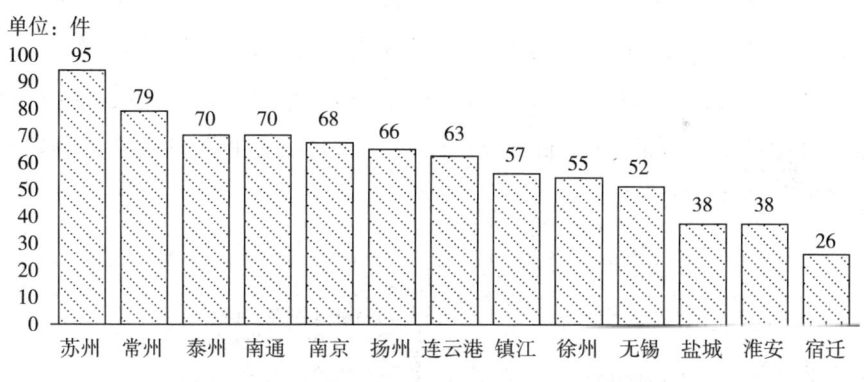

图 2 国有企业腐败犯罪案件地区分布情况

3. 在时间分布上，案件数量呈现出前期快速增长、后期趋于平稳态势

2012 年至 2017 年，江苏法院审结的国有企业腐败犯罪案件数量呈现快速上升态势，2018 年至 2021 年呈波动下降趋于平稳的趋势，虽然 2023 年数据尚不完整，但 2022 年案件数量出现反弹趋势。国有企业腐败犯罪一审案件数量见图3。

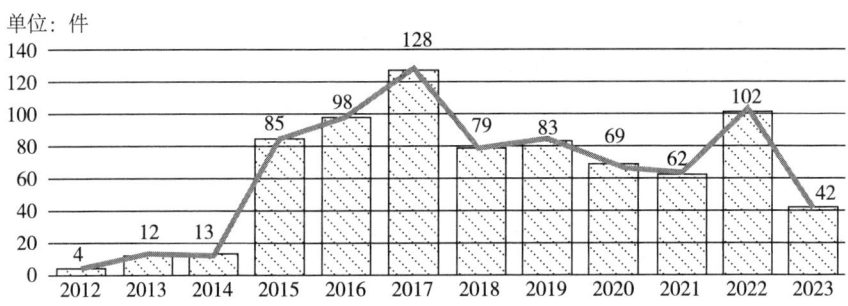

图3 国有企业腐败犯罪一审案件数量

4. 在刑罚裁量上，主要集中在五年以下有期徒刑

一审判决生效的885名被告人中，判处十年以上、五年以上十年以下、三年以上五年以下、三年以下有期徒刑的分别为113人、167人、287人、296人，各占比12.77%、18.87%、32.43%、33.45%；判处拘役以及免予刑事处罚的分别为9人、13人，各占比1.02%、1.5%。其中，对173名被告人适用缓刑，缓刑适用率为19.55%，较同时期全部刑事案件缓刑适用率低16个百分点。国有企业腐败犯罪案件被告人刑罚适用情况见图4。

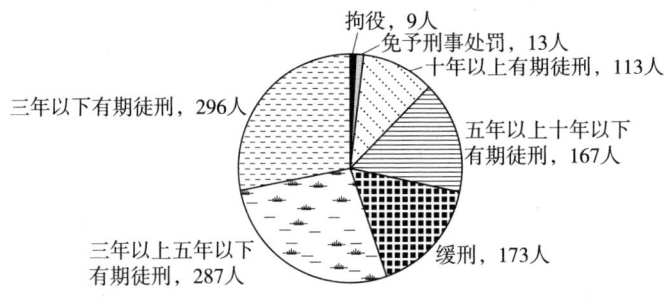

图4 国有企业腐败犯罪案件被告人刑罚适用情况

（二）国有企业腐败犯罪的主要特点

1. 贪贿金额高、渎职损失数额大

777 件一审案件中，涉案数额在 100 万元以下的 347 件，占比 44.66%，100 万元至 1000 万元的 327 件，占比 42.08%，1000 万元以下的案件数量占全部总案件数的 86.74%，是国有企业腐败犯罪案件的集中区域；1000 万元以上不足 1 亿元的案件 100 件，占比 12.87%；超亿元的案件 3 件，占比 0.39%。除贪污、受贿、挪用公款等主要罪名案件外，在 51 件次罪名案件中，犯罪数额或损失数额在 100 万元以下的 12 件，占比 23.53%；100 万元至 1000 万元的有 16 件，在次罪名中占 31.37%；1000 万元以上的案件有 23 件，在次罪名案件中占比 45.10%；虽然没有过亿元的案件，但犯罪数额或造成损失数额在 5000 万元以上的有 5 件。

2. 靠企吃企、行业依附特征明显

金融领域和工程建设领域是国有企业腐败案件的重灾区。其中，涉及金融领域案件 68 件，占比 8.75%；涉及工程招标、项目建设、房地产开发等建筑工程领域案件 212 件，占比 27.28%。例如，在徐州市某工程总公司基财中心出纳崔某挪用公款案中，崔某利用职务便利，多次以税款、工程款、报销、公积金等名义将单位公款转出至个人银行卡，挪用公款 365 万余元用于网络赌博。此外，粮食领域也是国有企业腐败不容忽视的关键领域，在一审案件中涉农、涉粮领域案件达 29 件，占比 3.47%。例如，在某县粮食购销有限公司原经理潘某某挪用公款案中，潘某某利用职务便利，多次安排现金会计将公款计 126.5 万元挪至其个人账户用于营利性活动。与贪污、受贿、挪用公款等主要罪名案件相比，次罪名案件中工程领域案件较少，但金融领域、农业（粮食）领域仍然是贪腐的重灾区，涉及金融领域（包括投资理财）的案件有 17 件，占次罪名总案件数量的 33.33%，主要表现为滥用职权违规投资理财、违规担保等。

3. 重要岗位、关键环节贪腐现象突出

777件一审案件中，被告人为国有企业"一把手"的281件，占比36.16%；被告人为国有企业副职领导的187件，占比24.07%；被告人为国有企业中层领导的（国有企业内部业务部门、关键岗位负责人）的189件，占比24.32%；被告人为国有企业普通员工的120件，占比15.44%。此外，被告人为国有企业会计、出纳、财务部门工作人员的95件，占比12.23%。

4. 一人犯数罪案件占比较高、共同犯罪较为普遍

777件一审案件中，一人犯数罪的案件达226件，占比29.09%。其中，受贿罪、贪污罪、挪用公款罪三罪互相交织的案件较多，12件案件为主罪名与国有企业、公司、事业单位人员滥用职权罪同时出现。多被告人共同犯罪的案件也较为普遍，达69件，占比8.9%，①且共同犯罪被告人之间存在明显利用市场经营关系共同犯罪的特点。一是国有企业内部多名管理人员集体腐败。例如，在某县粮食购销公司系列案件中，该公司内部多名管理人员如经理、副经理、总经理助理利用粮食购销过程中的经营活动挪用公款、受贿，先后被判决。二是国有企业与关联部门、主管部门联合渎职。例如，在某市粮食购销总公司系列案件中，粮食局原局长、原公司总经理、原公司党总支书记在处理粮管所负责人私自出售托市粮时共谋滥用职权，造成国家利益重大损失。三是市场经营上下游中的关联部门集体腐败、渎职交织。例如，在被告人孙某某等人贪污、国有公司人员滥用职权、非法经营同类营业案中，涉及五名被告人以及六家公司或单位，呈现链条式腐败和渎职。除了国有企业领导层容易出现集体腐败外，国有企业普通员工也易出现团体"微腐败"的现象。例如，在徐州某有限公司业务员国有公司人员滥用职权案中，三名业务员共谋虚增销售提成，造成国有资产流失。

---

① 需要说明的是，因存在另案处理、分案处理等情形，共同犯罪案件实际数量多于统计数量。

5. 新型腐败、隐性腐败现象突出

一是以合法形式掩盖非法目的，主要犯罪手段有虚增交易环节、放贷收息、低买高卖等；二是利用"影子公司""影子股东"退居幕后，如金湖县某开发公司原经理卜某某假借其前妻名义与他人"合伙经营"公司，在拆迁项目分配、拆迁实施费结算上给予关照，非法收受贿赂72万余元；三是政商"旋转门"等花样百出，如江苏某投资控股集团有限公司原党委书记、董事长张某以"工资""奖金""咨询服务费"名义非法收取他人贿赂合计1172万余元；四是扶植"代理人"掩盖权钱交易，如某银行原党委书记王某某通过特定关系人等非法收受财物合计2500余万元。

二、当前国有企业腐败犯罪司法实践存在的问题

近年来，国有企业腐败的方式更加灵活和隐蔽，司法实践对部分问题的认知也不统一。

（一）国有企业、公司人员主体身份认定问题

国有企业腐败的犯罪主体包括两类：一类是国有企业、公司中的国家工作人员，此类主体认定的难点主要在于如何判断国有企业、公司的性质；另一类是非国有企业中的国家工作人员，分为委派型国家工作人员和代表型国家工作人员。

一是国有公司、企业的性质认定。目前，刑法及司法解释均未对"国有公司""非国有公司"的内涵和外延作出明确规定，对刑法意义上国有企业、公司的认识产生了分歧。一种观点认为，刑法中的国有企业仅包括国有全资或者独资企业。依据是自2001年5月26日起施行的《最高人民法院关于在国有资本控股、参股的股份有限公司中从事管理工作的人员利用职务便利非法占有本公司财物如何定罪问题的批复》明确："在国有资本控股、参股的股份有限公司中从事管理工作的人员，除受国家机关、国有公司、企业、事业单位委派从事公务的以外，不属于国家

工作人员。"① 另一种观点认为，国有企业应包括国有控股和参股企业。依据是自 2010 年 11 月 26 日起施行的《最高人民法院、最高人民检察院关于办理国家出资企业中职务犯罪案件具体应用法律若干问题的意见》（以下简称《办理国家出资企业职务犯罪案件意见》）第七条第一款规定："本意见所称'国家出资企业'，包括国家出资的国有独资公司、国有独资企业，以及国有资本控股公司、国有资本参股公司。"此外，从保护国有资产、从严打击犯罪的角度来看，也应当对国有企业、公司的范围作扩大解释。

二是非国有企业中委派型和代表型国家工作人员的认定。虽然《办理国家出资企业职务犯罪案件意见》规定任命机构和程序不影响国家工作人员的认定，但实践中如何判断委派及代表仍存在不同的认识。这表现在：（1）对委派、任命程序需要进行实质性审查还是形式审查。如国有企业改制中从国有企业改制为国有参股企业，原来的工作人员继续从事原有的工作，但没有委派或者任命程序，能否认定为国家工作人员。（2）国有企业改制过程中，部分工作人员的工作职责虽然未发生变化，但其身份可能需要重新界定。如被告人在国有企业改制前是该企业的主要负责人，具备国家工作人员身份，在企业改制过程中是领导小组成员，初次改制后是国家控股企业的管理者并在改制后的公司中持有个人股份，此过程中涉嫌职务犯罪的，其主体身份应如何认定，存在较大分歧。②

（二）国有企业中新型贿赂犯罪与正常市场交易行为的边界认定问题

国有企业新型贿赂犯罪既有传统贿赂犯罪的共性，也呈现出新的特点，如金融领域的新型贿赂犯罪形式就包括资金拆借型受贿、合作投资型受贿、收受干股型受贿、委托理财型受贿等。这些受贿样态常发生在

---

① 2003 年发布的《全国法院审理经济犯罪案件工作座谈会纪要》和 2005 年公布的《最高人民法院关于如何认定国有控股、参股股份有限公司中的国有公司、企业人员的解释》也持该种观点。
② 参见《刑事审判参考》第 510 号案例（马平华挪用公款案）。

金融领域或者与国有企业的投资理财行为相关，具有较强的专业性和隐蔽性，查处认定难度较大。例如，在江苏省发展与改革委员会原副主任祁某案中，祁某以中介名义参与当地政府平台公司融资业务，通过收取高额"中介费"的方式谋取利益，或者通过违规开展直接融资业务赚取"利息"的方式谋取利益。第一种观点认为，祁某利用职权或职务上的影响，为特定关系人谋取商业机会并获利，违反了廉洁纪律，但不涉及犯罪。第二种观点认为，对于"中介费"，鉴于该业务不必要、零成本、无风险且违反正常市场经济活动规律，可以认定为受贿；对于"利息"，考虑到祁某等人付出了一定成本，承担了一定风险，不宜作为犯罪处理。第三种观点认为，"中介费"和"利息"的本质都是权钱交易，都应认定为受贿犯罪。对以提供融资服务为名获取非法利益行为的基本认定思路是：请托人为感谢或谋求国有企业、公司人员提供的帮助，在没有实际业务需求的情况下，与国有企业、公司人员或其特定关系人发生商业往来，并通过虚增交易环节或者虚假创设商业机会，让国有企业、公司人员通过所谓的"经营活动"获利。"没有机会，创造机会也要进行商业交易"，其实质是以给付"商业服务"对价为名向国有企业、公司人员输送利益。通常而言，因不存在正常市场需求，手段的合规掩盖不了实质的非法，此类行为的本质仍是权钱交易，可以考虑认定为涉嫌受贿。

与上述行为相关的还有就业领薪、挂名领薪、离职型受贿等受贿方式。该类新型利益输送方式导致实践中认定受贿罪的标准不一，受贿数额的计算不同，对既遂、未遂的认定上也存在争议。例如，在何某某受贿案中，关于何某某收取的800万元人民币，被告人提出为其申报、发行证券的劳务报酬、居间服务费，双方不存在行贿与受贿关系。再如，在王某受贿案中，关于王某收取200万元的性质存在争议，王某及其辩护人提出200万元是王某从岗位辞职到企业任职时的离职补偿，并非受贿款；贿送200万元时被告人没有实质性的权力或权限，并提交了离职时间、证人证言等证据予以佐证。二审就该200万元的性质进行着重审查。

(三) 国有企业中挪用公款罪的认定问题

一是国有企业与民营企业之间的资金拆借是否属于挪用公款。肯定者认为，以购销合同等形式掩盖的融资借款合同，违反了企业之间不能直接进行资金拆借的金融管理规定，客观上属于变相出借公款，符合挪用公款罪的构成要件，应当构成挪用公款罪。否定者认为，资金拆借行为虽然违反了相关金融管理规定，但必须结合当时广泛存在的违规开展融资性贸易的特定市场环境进行评价，不能孤立看待。认定挪用公款罪，主要在于是否属于"个人决定以单位名义将公款供其他单位使用，谋取个人利益"。无法证明资金拆借行为与谋取个人利益存在因果关系时，不能认定为挪用公款罪。该资金拆借行为对国有企业造成重大损失，符合滥用职权罪犯罪构成的，应当以国有公司人员滥用职权罪处罚。

二是国有企业以单位财产质押、抵押的行为是否构成挪用公款。国有企业改制政策性较强，一些地方出台的政策与中央政策存在一些出入，鼓励、支持甚至要求管理层持大股，并为此提供相关配套措施，原管理人员为加快企业改制进程，或直接用企业资金入股，或用企业资金、财产担保入股，违规违法现象较为普遍，有的还得到了地方政策的认可或者有关部门批准。对此如何处理，实践中存在较大分歧。有观点认为，没有证据证明被告人利用职务上的便利，将公司大额资金的存单质押，用于个人和其他人员贷款担保的行为经过公司管理层决议，故其行为构成挪用公款罪。也有观点认为，被告人在分别征求各集团高级管理人员意见并获得同意或默许后组织实施质押行为，虽然与召开集团管理层会议专门研究并作出决定存在形式上的差异，但本质并无不同，此种情形在公司经营管理中并不少见，应认定为经单位领导集体研究决定，不应认定为挪用公款罪。① 对国有企业经营过程中出现的部分"违规"使用资金的现象，均有其特殊的时代背景以及政策背景，使刑事审判中出现一

---

① 参见《刑事审判参考》第 1313 号案例。

定分歧。

三是挪用国有企业账外"小金库"应认定为挪用公款还是贪污，认识不一。实践中，有部分国有企业为了处理账目上暂时无法体现的资金用途，会在公司账目之外单独设立"小金库"，其中的资金多数用于公司经营，但也存在个人使用的行为。对于设立"小金库"行为以及后续发生的挪用"小金库"资金的行为，应当认定为挪用公款罪还是贪污罪，实践中观点不一，判断标准不清晰。

（四）国有公司、企业、事业单位人员滥用职权罪的认定问题

一是个人滥用职权与集体决策的区分标准问题。认定滥用职权首先应当区分是个人滥用职权还是集体决策的结果。实践中，国有公司、企业的某一决策行为是经过层层审批、签发的，应当如何认定属于滥用职权？部分观点认为，案涉违规的行为系经过公司决议程序作出，且按照程序经过层层审批，最终虽造成重大损失，但无法归结于个人，认定滥用职权罪存在障碍。另有观点认为，公司决策过程关键要看是否有实质性的集体决策。国有企业"一把手"提起的公司行为，仅仅是程序性上的层层审批或者开会讨论通过的，没有进行实质上的集体决策，不能认为是公司集体意志的结果。

二是重大损失的计算方式问题。不同的滥用职权的方式，造成的损失难以有统一的计算标准和衡量方式。在涉及国有企业的滥用职权案件中，因为国有企业涉及企业间的收购、并购，证券、金融市场的交易，以及资金的预期收益、理财收益等问题，使滥用职权造成损失的计算方式更加复杂。（1）涉及证券市场操作时缺乏统一计算标准。例如，在胡某某受贿、国有公司人员滥用职权案中，损失数额既包括有证资产与无证资产是否需要分开计算的问题，也涉及股票抛售时的价格应如何认定的问题。（2）涉及资金使用时利息计算标准不统一。在违规将国有资金用于他人理财时，造成国有资金亏损的同时，也使国有公司的大额资金未能获得预期利益，该大额资金占用损失应如何计算也存在分歧。有观

点认为应当以该企业资金使用的平均利率或预期可能利率计算,也有观点认为应当以银行定期利率计算。(3)涉及违规出卖土地、改变土地使用权性质的滥用职权行为认定损失困难。该行为涉及土地法律法规及相关专业知识,且因果关系认定较为复杂,造成的损失如何计算也缺乏准确的量化标准。

三是国有企业损失与国家损失的关系问题。由于国有企业股权形式的多样性,国有企业以及国有出资企业中国有资产所占股权比例不同,被告人犯罪行为对企业造成损失时,必然也会造成其他非国有股东的损失。因此,滥用职权犯罪导致企业遭受的损失,是否应当区分出资比例及性质确定国家损失,存在争议。有观点认为应以国有资产的出资比例为限,而不宜将非国有投资部分亦认定为国家利益的损失,否则便会扩大犯罪圈。

四是滥用职权行为与国家损失之间的因果关系认定问题。困境包括:(1)"多因一果"情形下难以确定责任人;(2)异常介入因素阻碍因果关系认定;(3)不作为滥用职权行为的刑事问责难。如在很多滥用职权案件中,辩护人提出公诉机关指控的事实不能全部归结于被告人滥用职权的行为,不能认为被告人的行为与全部事实存在因果关系,案件属于"多因一果"滥用职权行为。

五是徇私舞弊情节的认定标准问题。主要分歧在于对徇私舞弊应当实质地理解还是笼统地理解。有观点提出,徇私舞弊从文义理解上分为徇私、舞弊两种行为。一般同时构成国有公司、企业、事业单位人员滥用职权罪与受贿罪时,徇私的行为已经在受贿罪中得到评价,不应再次评价;舞弊行为指的是弄虚作假,必须提交被告人存在弄虚作假的证据才能认定。另一种观点认为:首先,徇私包括徇私利和徇私情,受贿罪只能评价徇私利,无法涵盖徇私情。滥用职权犯罪中既徇私利又徇私情,若不认定被告人徇私舞弊,则对其徇私情的行为未予评价。其次,与单纯出于徇私利动机的滥用职权犯罪相比,既徇私利又徇私情的滥用职权犯罪中,行为人目的性更强,犯意更加坚决,主观恶性更大,有必要从重处罚。

(五) 为亲友非法牟利罪的认定问题

一是利用职务便利是否包括利用具有隶属、制约关系的下级部门的便利问题。职务便利主要包括两种：（1）自身职务带来的便利，对此并无争议；（2）自己下属、分公司等具有隶属、制约关系的下级部门的便利，对此存在不同意见。如被告人利用担任总经理的职务便利，安排下属企业以明显高于市场价格的价格从其特定关系人经营的公司采购商品，致使国家利益遭受特别重大损失。对此，有观点认为，国有企业对于下属企业具有支配、控制性，尤其是国有企业主要领导，对下属企业领导的控制性更强，但该行为并非明显利用自己的职权，下属企业的行为系自身作出的商业行为，不能归结于被告人的职务便利。另有观点认为，利用上下级隶属、制约关系，也应当认定为利用职务便利。

二是亲友的范围界定问题。对亲属的理解实践中争议不大，而朋友的认定则带有较强的主观意识，同学、老乡、情人、利益关系人等均可称为朋友，实践中经常出现相关人并非被告人朋友或者即便系被告人朋友，但被告人选择该相关人从事业务完全符合规定，并非因朋友关系而选择的辩解意见。

三是盈利业务的理解与损失计算问题。盈利业务的范围包括本单位必然会盈利的项目，对此并无异议，但对于可能会盈利的项目甚至最终出现亏损的项目，企业尚未确定的业务如盈利机会、商业机会等是否包含在盈利业务中，有不同认识。因盈利业务对国有公司造成的损失计算也存在问题。一般的盈利业务中，将该业务交给任何其他公司经营都是可以的，无论将该盈利业务通过何种方式给哪家单位，该单位都会承担一定风险、成本，也会获得相应的利润，并不存在一家公司会无偿承接该业务并将利润全部上交给国有公司的情况。因此，能否将亲友经营该业务所获得的利润一概认定为给国有公司造成的损失，值得商榷。

（六）非法经营同类营业罪的认定问题

一是同类营业的范围界定问题。同类营业是指经营项目属于同一类别的营业，表面上看，比照工商登记的营业范围是否重叠或者在《国民经济行业分类》中是否属于同一类即可发现是否属于同类营业，但实践中情况比较复杂。有些业务在规定上并非同一类业务，但是应当从竞争机会、交易机会、竞业禁止规则的实质层面来判断，导致实践中判断存在分歧。例如，公司的经营活动即便超出了其营业执照标示的范围，只要不违反国家禁止性规定，都不应当被认定为无效。另外，交易机会需要法官根据案情进行实质性判断，同一种交易机会，根据不同的情况可能会出现多种名称不同的盈利业务。如行为人利用职务之便获知与相对方交易机会，未向本公司汇报，剥夺本公司交易机会而据为己有，实践中也认定为经营同类营业行为。[①] 此外，国有公司领导层利用职务便利，通过个人经营的销售公司向其任职的公司供应商品，是否属于"与其所任职公司、企业同类的营业"，认识方面存在较大分歧。有观点认为，与国有公司、企业进行的买卖经营活动，也可以理解为同类营业。另有观点认为，供应商品不属于非法经营同类营业。

二是非法利益的认定问题。非法经营同类营业罪要求行为人获取非法利益，且获取非法利益必须与经营活动具有直接的对应关系，具体表现为经营利润或者经营报酬。在以自营、他营公司、企业的经营利润（通过对自营、他营公司、企业进行审计，以收入减成本的方式得出经营利润）作为认定依据的情况下，成本能否扣除，实践中做法不一。在以个人非法所得（以行为人通过非法经营同类业务后的到账金额）作为认定依据的情况下，若在案件中同时出现经营利润及个人违法所得两个数额时应如何认定，实践中的认识也不一致。

---

① 参见《刑事审判参考》第1298号案例（吴小军非法经营同类营业、对非国家工作人员行贿案）。

三、规范国有企业腐败犯罪法律适用的司法对策

(一) 准确认定主体身份

一是对国有公司的认定。结合相关批复和会议纪要的规定,刑法意义上的国有公司仅指国家出资的国有独资企业,不包括国有资本控股公司和国有资本参股公司等其他类型的国家出资企业,这也是长期司法实践中一贯掌握的标准。

二是准确认定国家出资企业中的国家工作人员。根据《办理国家出资企业职务犯罪案件意见》第六条第二款的规定,对于国家出资企业中的工作人员是否属于国家工作人员,既要把握形式要件,即任命、委派、选任程序,也要把握实质,具体应当从以下两个方面进行认定。首先是形式要件,即经国家出资企业中负有管理、监督国有资产职责的组织批准或者研究决定。这里的组织主要是指上级或者本级国家出资企业内部的党委、党政联席会。其次是实质要件,即代表负有管理、监督国有资产职责的组织在国有控股、参股公司及其分支机构中从事组织、领导、监督、经营、管理工作。实质要件具有代表性和公务性两个特征。在判断层次上,对于形式要件、实质要件的判断分别属于形式判断和实质判断,首先要进行形式判断,形式判断是进行实质判断的重要前提和依据。①

三是对于特殊主体的认定要坚持刑法的实质主义立场,加强个案审查。我国正处于经济加速转型和深化国有企业改革的关键时期,对于转型期、改革期的特殊主体(如粮管所)以及涉及集体财产的主体(如供销社及其下属企业)等,在判断时要根据个案的具体情况,尤其应结合企业历史沿革的情况以及犯罪时的股权情况,予以综合判断。

---

① 参见《刑事审判参考》第957号案例(宋涛非国家工作人员受贿案——如何认定国有控股企业中一般中层管理干部的国家工作人员身份)。当形式要件与实质要件冲突时,原则上也应以国家工作人员从事公务论。

(二) 准确把握相关罪名构成要件

一是准确认定贿赂犯罪中的斡旋受贿和直接受贿。国有企业贿赂犯罪往往与金融理财、借贷担保、企业改制、并购出让等密切相关，直接受贿与斡旋受贿的区分更加困难。区分的重点在于判断国有企业之间、国有企业与其他公司之间是否具有隶属、制约关系。例如，在中石油某管道有限公司（国家出资企业）原副总工程师李某某受贿、利用影响力受贿案中，李某某通过B公司（民营企业）张某某、杜某某为深圳A公司牟利后收受A公司实际控制人陈某某给予的50万元人民币。有观点认为李某某利用张某某、杜某某为行贿人牟利，应当属于斡旋；也有观点认为斡旋是指利用其他国家工作人员职务上的行为，但张某某、杜某某不属于国家工作人员，因而李某某不构成斡旋受贿，应当以违纪处理。我们认为，该起犯罪系直接受贿，原因在于：李某某所在的中石油某管道有限公司与张某某、杜某某所在的B公司系业主方和合同承包方的关系，B公司作为相关合同承包方，为李某某所在公司提供承包服务，B公司虽然不属于李某某直接主管的下级部门，但李某某所在公司对张某某、杜某某二人所在公司的业务有制约、约束作用。因此，李某某的委托实际上是一种指令，如果张某某、杜某某不按照委托事项办理，可能会带来不利后果，可以认定李某某与张某某、杜某某有职务上的制约关系。根据《全国法院审理经济犯罪案件工作座谈会纪要》第三条的规定，李某某利用职务上有制约关系的其他国家工作人员的职权为他人谋取利益，应当认定为刑法第三百八十五条第一款规定的"利用职务上的便利"为他人谋取利益。

二是准确把握挪用公款罪的犯罪构成。挪用公款罪的焦点主要是"公款"和"归个人使用"的认定。（1）关于国家出资企业中"公款"的认定。例如，在李某某受贿、贪污、挪用公款、国有企业人员滥用职权案中，J股份公司系国家出资企业，J股份公司贸易事业部是J股份公司的二级机构，深圳J营销有限公司系J股份公司的全资子公司，也属于国家出资企业。依照《办理国家出资企业职务犯罪案件意见》，对于国家出资企业中的国家工作人员，利用职务上的便利，挪用国家出资企业的资金供他人进行营利活动的，依法应构成挪用公款罪。（2）"归个人使用"的主要争议点在于是否属于"个人决定以单位名义将公款供其他单位使用，谋取个人利益"。对于为个人从事营利活动而违规使用单位公款，给公款安全造成风险，如果公款形式上归单位使用，但是实质上为个人使用，可以认定挪用公款"归个人使用"。相关负责人在集体研究时采取虚构事实、隐瞒真相的方式，引导形成错误决策的，不影响对个人责任的认定。对于为个人从事营利活动而违规使用单位公款的行为，应重点审查使用公款目的、公款流转去向、公款潜在风险、违法所得归属等要素。① 对于不构成挪用公款罪但对国家利益造成重大损失的，可以考虑是否构成国有企业、公司人员滥用职权罪。不符合该罪构成要件的，可以作违纪等处理，但不宜以挪用公款罪处理。

三是注意区分渎职类犯罪中的集体决定和个人决定。对行为人通过召开会议等集体研究方式实施不法行为的审查，要从四个方面展开。（1）要加大对客观证据的收集、审查，立足书证，结合相关证人证言，把握集体研究的实质性决策行为。要严格区分以集体决策的形式掩盖个人决定的行为，必须经过实质性的集体决策，才能认定为国有公司集体意志的体现。（2）用权不当是各类渎职行为的共同特征，办理集体研究型渎职需从职权入手，寻找突破口，要明确行为的责任主体、责任性质、责任范围，个人或集体是否存在越权、滥权等行为。（3）积极重视被告人的辩解理由，对辩解要根据程序认真核查其真实性，同时结合在案证据有针对性地排查，及时补充调查相关内容。例如，在徐某某国有公司人员滥用职权、受贿案中，上诉人及辩护人提出徐某某的行为是在其职权范围内的，未超越其职权，即使徐某某应当履行而没有履行相应手续，没有进行集体决策，也仅仅是程序瑕疵，不可追究其刑事责任。法院裁判

---

① 参见最高人民检察院检例第 189 号（李某等人挪用公款案）。

认为，徐某某作为国有公司负责人，担负着国有资产保值、增值的重要职责，其行为系在未发生合同变更事由的情况下由其擅自决定，与其职责不相符合，更导致了国有资产遭受重大损失。① （4）对于个人徇私舞弊同时又滥用职权的行为，受贿罪并不能单纯评价徇私舞弊的行为，在认定受贿罪的同时，应认定滥用职权罪中徇私舞弊的从重情节。

四是准确把握"利用职务上的便利"的认定和"亲友"的范围。(1)《全国法院审理经济犯罪案件工作座谈会纪要》第三条第一项规定："刑法第三百八十五条第一款规定的'利用职务上的便利'，既包括利用本人职务上主管、负责、承办某项公共事务的职权，也包括利用职务上有隶属、制约关系的其他国家工作人员的职权。担任单位领导职务的国家工作人员通过不属自己主管的下级部门的国家工作人员的职务为他人谋取利益的，应当认定为'利用职务上的便利'为他人谋取利益。"如前述李某某案件中，李某某分管国资委工作，J集团系省国资委全资国有企业，J股份公司由J集团控股。李某某所担任的职务使其对J集团、J股份公司的高级管理人员的人事任免及其他重大决策具有重要的影响力，因此，李某某授意、指使其职务上有制约关系的J集团高级管理人员对其指定的公司提供资金支持，应认定其利用职务上的便利挪用公款，依法构成挪用公款罪。（2）对为亲友非法牟利中"亲友"概念应作扩大理解。从文义上理解，亲友是指亲属和朋友。亲属是指人们因婚姻、血缘和法律拟制而产生的关系，可分为近亲属和其他亲属，如父母、子女和叔伯姑舅，这在实务中较易判断。对朋友可作广义理解，其范围应与影响力犯罪中的"关系密切人"一致。"友"不应局限于友情，而应理解为"交情"。除亲属外，只要行为人与他人存在交情，他人能够使行为人为其牟利，均可认定他人为"友"。区分为亲友非法牟利罪和贪污罪、受贿罪，关键在于亲友取得非法利益是否存在经营行为，以及经营行为是否只是为个人贪污受贿所作的掩护。如果存在经营行为，认定构成为亲

---

① 类似的还有邹某某国有公司人员滥用职权、受贿案。该案邹某某提出责任主体认定错误，涉案融资业务非其个人独断行为，其只是决策人之一，且业务流程符合公司规定，无须报集团审批。

友非法牟利罪；如果是利用虚假的经营行为直接获取利益，则应认定构成贪污罪或受贿罪。

五是准确认定犯罪数额与违法所得。（1）数额计算的时间节点应选择在犯罪行为发生时较为合理，在无法确定具体时间节点时，从有利于被告人的角度，应就低认定。在涉及利息计算时，采取一年期银行定期存款利率计算较为合理。（2）涉及金融市场交易时，要注重区分有价证券、无价证券，出售、买卖股票、国有公司进出口配额时，也应注重不同时间节点下价格的差异。（3）涉及土地出让、出售国有资产时，对于因果关系复杂、权属性质改变的资产，除鉴定之外还应及时咨询相关行政部门，以确定合理的犯罪数额。（4）要坚持好特殊情况个案把握的原则。国有企业经营涉及社会生活的方方面面，在不同的领域均有其特殊性，应结合具体情况，对被告人或辩护人提出的异议深入分析，同时将复杂问题简单化处理，在数额认定上形成共识。

六是准确认定非法经营同类营业罪。认定同类营业应坚持实质标准。判断是否构成同类营业不应以国有公司、企业登记的经营范围为限制，而应该以该业务是否与所任职公司的营业属同种类别并具有竞争关系为实质标准。认定是否为同类营业应从是否属于同种类以及是否形成竞争关系两个方面需要同时审查，缺一不可。关于非法利益的认定要考虑到非法经营同类营业罪导致的客观后果是国有公司、企业遭受利益损失，进而损害了国家利益。同时，实践中也存在一些高级管理人员为了亲情、友情而进行非法同类经营，并未获得个人利益甚至很少获得个人利益的情况，因此对非法利益应当界定为同类经营的公司、企业的非法获利更为合理；若自营企业、公司没有非法获利或者非法获利被个人转移时，才考虑将个人所得认定为非法利益。

四、提升惩治国有企业腐败犯罪的办案效果

习近平总书记在有关重要论述中对提升治理效能、强化资产监管、转变企业风气、惩治腐败行为等重大问题曾作出系统阐释和提出明确要

求,这是全面从严管企治企的思想指引和行动指南。

(一) 坚持党的领导,完善国有企业责任监管体系

党的领导是国有企业的"根"和"魂",习近平总书记强调"坚持党对国有企业的领导是重大政治原则,必须一以贯之"①,必须坚持党对国有企业的全面领导不动摇。国有企业党委要坚持党的领导、加强党的建设,认真履行全面从严治党政治责任,始终依靠党建引领为国有企业发展创造良好环境。

一是要推进党的建设与生产经营的双向融合。从查处的腐败案件来看,部分地方国有企业只把自己作为市场经济主体,忘记了国有企业首先应当是党领导下的企业,对加强党对国有企业的领导、党的建设重视不够,因而导致腐败问题发生。应把加强党的领导和完善公司治理统一起来,建设中国特色现代企业制度,深刻总结我们党领导国有企业长期实践的宝贵经验,有效解决党建与业务"两张皮"问题。同时,党组织通过双向进入与交叉任职的方式参与公司治理,不仅为国有企业处理董事会、监事会及管理层与党组织的关系提供了一种较好的治理制衡,也为在国有企业实现党管干部与党管人才提供了一种切实的途径,且能以此确保国有企业治理在党的领导与参与之下实现新的优化与发展。

二是要以党的建设构建责任监督体系。习近平总书记强调,要一体推进不敢腐、不能腐、不想腐,必须三者同时发力、同向发力、综合发力,把不敢腐的强大震慑效能、不能腐的刚性制度约束、不想腐的思想教育优势融于一体。②从调研的国有企业腐败案件来看,国有企业粗放经营作风依然存在,国有企业党的建设和责任监督体系建设仍然停留于工作要求的层面,自我推动的主体意识不强。要着力完善党和国家监督体系,推动各种监督力量相互结合,打通各类监督贯通协调的堵点,推动

---

① 《习近平谈治国理政(第二卷)》,外文出版社2017年版,第176页。
② 参见中共中央党史和文献研究室编:《习近平关于依规治党的论述摘编》,中央文献出版社2022年版,第187页。

企业党委主体责任与企业纪委监督责任贯通联动、一体落实,让监督深度融入企业治理。

三是加强对关键领域、关键环节、关键岗位的监督。从调研的案件情况分析,国有企业"一把手"、关键岗位负责人成为腐败高危人群,财务管理、资本操作等关键环节成为腐败的高发阶段,金融、粮食等关键领域腐败问题频发、损失巨大。对于关键人员的监督管理,首先应加强对国有企业领导人员、关键负责人员的党性教育、宗旨教育、警示教育,严明政治纪律和政治规矩,不断提高思想政治素质、增强党性修养。对关键环节的监督管理,要着重在监督体制、机制上下功夫。通过审理的个案,透视国有企业在改制重组、产权交易、资本运营、物资采购、财务管理等环节存在的漏洞。通过完善国有企业"三重一大"决策监督机制,严格日常管理,积极整合各方监督力量,形成监督合力。对于腐败高发的关键领域如金融、粮食领域等,应强化党委的政治领导核心作用,发挥职业经理人的独立经营作用,使法人治理结构与党的建设有机结合,在董事会、监事会及管理层之间明确权责利,建立有效的互相制约、互相制衡的机制。通过完善内部管控流程、人事制度等,从根源上杜绝"靠企吃企"等腐败行为。

(二) 强化源头治理,推进国有企业反腐败合规体系建设

一是深入推进国有企业刑事合规体系建设。在推进国有企业反腐败斗争中,加强刑事合规是审判机关"抓前端、治未病"的有效方法,更是落实、完善中国特色现代企业制度,加强党对国有企业领导的重要体现。首先,把党的领导贯穿合规管理全过程。其次,加强重点领域、重点环节及重点人员的合规建设。国有企业刑事合规的重点领域集中在资源、资金密集领域,重点环节主要集中在财务、融资等环节。在财务管理领域,国有企业的财务管理能力提升,不仅关乎企业发展质量,而且对中国经济的高质量稳定发展起着至关重要的作用。从调研的案件来看,因为财务监管环节等出现问题,最终导致巨额国有资产流失的案件不在

少数。尤其是资金密集领域发生的企业拆借、违规担保行为，存在较高的刑事合规风险。重点人员应抓好关键少数，以企业的"一把手"、部门负责人、关键岗位人员为主。通过对重点岗位和高级管理人员等刑事法律风险与刑事罪名的分析与研判，构建与完善相应的专项刑事合规管理制度，是国有企业实现刑事反腐败合规的重要内容。①

二是加强国有企业反腐败合规的文化建设和信息化建设。在推进国有企业反腐败合规体系建设中，信息化的技术支持与反腐败的廉洁文化建设相辅相成，不可偏废。从目前国有企业反腐败案件调研中看，实践中存在"重反贪、轻反渎"的认识误区，国有企业人员对贪污、贿赂类刑事风险了解较多，却对反渎职类的刑事合规义务认识不足。做好刑事合规的前提就是要熟悉并且准确识别法律风险。首先，应当建立常态化合规培训机制，制订年度培训计划，将反贪污贿赂、反渎职等合规管理课作为管理人员、重点岗位人员和新入职人员培训必修内容。其次，应加强技术支持，加强反腐败合规管理信息化建设。运用大数据技术、信息化手段将合规要求和防控措施嵌入流程，针对关键节点、关键领域、关键环节加强合规审查，强化过程管控。

（三）延伸审判职能，持续深化国有企业腐败治理综合效能

一是加强司法建议工作。针对国有企业腐败犯罪案件中暴露出的国有企业内部监管、廉政建设等问题，及时向相关单位发送司法建议，主动参与国有企业腐败专项治理，促使相关国有企业加强监管、完善机制、堵塞漏洞，推进常态化、长效化防治国有企业腐败，实现判处一案、警示一片、治理一域综合效应。

二是积极开展法治宣传。秉承"法庭是最好的廉政课堂"理念，通过组织国有企业领导干部及工作人员旁听庭审等方式，加强廉政教育，营造零容忍惩治国有企业腐败的浓厚氛围。强化以案释法，通过发布国

---

① 参见杜方正、刘艳红：《国有企业刑事合规制度的法理重塑》，载《南京社会科学》2021年第3期。

有企业腐败典型案例，努力将审判效果转化为社会效益，助力净化腐败滋生的社会环境。

三是持续深化审判调研。通过对国有企业腐败犯罪案件进行梳理、分析，提出治理国有企业腐败的意见建议，形成专题报告，为党委决策提供参考；聚焦司法实践中存在的疑难问题，进一步加强法律研究，不断完善惩治国有企业腐败制度机制，深入推进国有企业腐败犯罪审判能力现代化，持续提升惩治国有企业腐败综合治理效能。

有组织犯罪涉案财产认定和处置问题调研报告

天津市高级人民法院刑一庭课题组[*]

2017年11月,习近平总书记对扫黑除恶专项斗争作出重要指示。2018年1月,中共中央、国务院印发《关于开展扫黑除恶专项斗争的通知》,决定在全国开展为期三年的扫黑除恶专项斗争。专项斗争期间,全国法院一审审结涉黑恶案件33053件226495人,判决生效案件27965件188506人,涉黑重刑率达57.5%,涉恶重刑率达26.04%,依法严惩了一大批涉黑恶犯罪分子。生效涉黑恶案件追缴、没收违法所得执行到位433.15亿元,财产刑执行到位940.6亿元,有效摧毁了黑恶势力再犯罪能力。2021年,党中央作出常态化开展扫黑除恶斗争的决策部署,截至2022年5月,全国法院一审新收涉黑恶犯罪案件4639件,一审审结4026件,生效3059件,重刑率达78.53%,共判处财产刑及追缴、没收违法所得164.4亿元,取得阶段性成效。

一、问题的提出

随着经济社会的发展,有组织犯罪的形态、手段、方式不断升级,由传统的"打打杀杀"转变为更多采取软暴力等方式追逐非法经济利益,"以商养黑""以黑护商"的经济属性日益凸显。因此,在扫黑除恶司法

---

[*] 课题主持人:(天津市第一中级人民法院)程庆颐;课题组成员:(天津市高级人民法院刑二庭)陈长东,(天津市高级人民法院刑一庭)张卿、李鹏。

实践中，通过对有组织犯罪的涉案财产进行准确、有力的处置，推动实现"打财断血"，对于彻底铲除黑恶势力的经济基础，摧毁其再犯罪的能力，从而有效防止"死灰复燃""常打常有"起着至关重要的作用。但是，一方面，从扫黑除恶专项斗争期间的情况来看，黑恶势力犯罪案件中涉案人数众多，涉案财产数量庞大、价值高昂、种类繁多、权属复杂，财产处置工作推进难度远远大于普通刑事案件。随着专项斗争"案件清结"目标的实现，大量已结案件进入执行程序，先前在侦查、审查起诉、审判阶段存在的涉案财产范围界定、权属甄别、审查认定、移送保管、当事人及利害关系人权益保障等问题，对后续涉案财产的处置造成极大的困难。如果漏查漏甄漏判，则不利于有效打击黑恶势力；如果错查错甄错处，则易侵害合法财产，损害当事人或者利害关系人合法权益，对产权保护及企业合法经营造成不良影响。另一方面，历史上扫黑除恶工作中涉案财产处置的困难，一定程度上是因为相关法律法规的供给不足。虽然在整体刑事案件涉案财产处置方面存在刑法、刑事诉讼法等法律，《最高人民法院关于适用〈中华人民共和国刑事诉讼法〉的解释》（以下简称《刑事诉讼法解释》）、《最高人民法院关于刑事裁判涉财产部分执行的若干规定》及《人民检察院刑事诉讼规则》等司法解释，《中共中央办公厅、国务院办公厅关于进一步规范刑事诉讼涉案财物处置工作的意见》《最高人民法院、最高人民检察院、公安部、国家安全部、司法部、全国人大常委会法制工作委员会关于实施刑事诉讼法若干问题的规定》《人民检察院刑事诉讼涉案财物管理规定》《公安机关办理刑事案件程序规定》《公安机关涉案财物管理若干规定》《公安机关办理刑事案件适用查封、冻结措施有关规定》等文件规定，同时在扫黑除恶领域存在《最高人民法院、最高人民检察院、公安部办理黑社会性质组织犯罪案件座谈会纪要》《全国部分法院审理黑社会性质组织犯罪案件工作座谈会纪要》等规定，以及扫黑除恶专项斗争以来出台的《最高人民法院、最高人民检察院、公安部、司法部关于办理黑恶势力犯罪案件若干问题的指导意见》《最高人民法院、最高人民检察院、公安部、司法部关于办理黑恶势力刑事案件中财产处置若干问题的意见》（以下简称《意见》）等，从形式上构建起了有组织犯罪涉案财产处置的规范体系，但在实质上仍较为原则、分散，且普遍效力位阶不高，甚至部分内容存在冲突。针对以上情况，2021年12月24日全国人大常委会审议通过并自2022年5月1日起正式实施的反有组织犯罪法设立"涉案财产认定和处置"专章，以11条规定系统构建了有组织犯罪案件涉案财产的处置规则，规定了全面调查制度、等值财产追缴没收制度、涉案财产处置证明标准、先行处置、利害关系人财产权利保障等内容，有效解决了有组织犯罪案件涉案财产认定和处置中的重点难点问题，有力回应了司法实践需求和社会关切，为全面、准确、高效处置有组织犯罪案件涉案财产提供了法律遵循。因此，常态化开展扫黑除恶斗争阶段，做好有组织犯罪涉案财产认定和处置工作的关键在于深入贯彻习近平法治思想，认真落实中央有关决策部署，以反有组织犯罪法律体系为基础，推进相关工作在法治轨道上行稳致远。天津市高级人民法院刑一庭课题组以法律规范为依据，以扫黑除恶专项斗争以来审理的涉黑恶案件为样本，对涉案财产认定处置中的问题进行总结归纳、调研分析，并尝试提出可行的对策建议。

二、有组织犯罪涉案财产认定和处置存在的突出问题

（一）涉案财产证据基础问题

证据裁判原则是刑事诉讼的基本原则，确凿的证据是有组织犯罪案件涉案财产认定和处置工作的基础。在扫黑除恶专项斗争及常态化开展扫黑除恶斗争期间，办理黑恶势力犯罪案件遇到的诸多关于涉案财产处置的问题，归根结底是证据问题。基于刑事诉讼证明责任的匹配原则及有组织犯罪案件的特殊性，《意见》第11条规定："公安机关、人民检察院应当加强对在案财产审查甄别。在移送审查起诉、提起公诉时，一般应当对采取措施的涉案财产提出处理意见建议，并将采取措施的涉案财产及其清单随案移送。人民检察院经审查，除对随案移送的涉案财产提

出处理意见外,还需要对继续追缴的尚未被足额查封、扣押的其他违法所得提出处理意见建议。……"第13条规定,"人民检察院在法庭审理时应当对证明黑恶势力犯罪涉案财产情况进行举证质证"。反有组织犯罪法第四十四条规定:"公安机关、人民检察院应当对涉案财产审查甄别。在移送审查起诉、提起公诉时,应当对涉案财产提出处理意见。在审理有组织犯罪案件过程中,应当对与涉案财产的性质、权属有关的事实、证据进行法庭调查、辩论。人民法院应当依法作出判决,对涉案财产作出处理。"但是调研中,办案法院普遍反映相关规定在司法实践中并未得到有效落实:有的公安机关"重查扣、轻甄别",按照"应扣尽扣"的原则加大查封、扣押、冻结力度,但并未依法对查封、扣押、冻结财产的性质、来源、权属进行有效审查甄别;有的公安机关对案外人异议不进行实质处理,"打包"移送审判;有的人民检察院未能履行审查甄别职责,对随案移送财产不提出处理意见建议,或仅对数量少、性质单一、权属明确的涉案财产提出处理意见建议,或提出的处理意见建议过于笼统、原则,无操作性;有的人民检察院未对需要继续追缴的尚未被足额查封、扣押的其他违法所得提出处理意见建议,导致法院无法准确认定财产性质和权属,影响审判和执行;个别案件在提起公诉时,财产性证据仍在收集整理过程中,对财产的处理意见尚无法明确呈现在起诉书中。涉案财产证据收集、移送的进度较慢,直接导致辩护人需要多次阅卷,法院需要多次开庭,针对财产事项的法庭调查难以集中开展,控辩双方的意见较为分散,影响庭审实效,不利于准确认定财产事实。

(二)涉案财产保管、移送问题

有组织犯罪案件涉案财产庞杂,公安机关、人民检察院和人民法院依法对其进行查封、扣押、冻结后,面临后续妥善保管问题,并相应承担着及时采取有效措施降低和避免特定财产价值贬值或者财物毁损风险的责任。同时,涉案财产基于其证据属性及财产属性,必然涉及三机关之间移送流转的情况。实践中,办案机关对涉案财产保管的重视程度不够,主要表现在:没有集中统一的保管机构或者平台,法院内部也没有相对明确的保管部门,多头保管、分别保管导致涉案财产保管较为混乱无序;相关工作规范不够完善,比如对于实物证据尤其是作案工具等的保管期限,对于除枪支弹药、毒品、淫秽物品之外的违禁品的销毁流程等缺乏具体指引;对于涉及当事人及家属正常居住的不动产,汽车、轮船等价值较高的交通工具,股票、债券、期货等涉及保值增值问题的财产如何妥善保管,实践中仍处于个案研究、一事一议的层面,汽车等财物历经冗长的诉讼周期后大幅贬值的情况较为常见。另外,在涉案财产移送方面,问题集中在:移送材料过于简单,只有清单,缺少查封手续、照片、权属证明等,对于金银珠宝、古玩字画等特殊财产没有鉴定材料,无法判断其真伪、价值;财产清单制作不规范,对于现金,只登记币种、金额,不登记面值;对于银行卡,只登记发卡行名称,不区分卡的种类;对于手机、电脑等财物,只登记数量或者仅具体到品牌,不登记具体型号,不查明权属,在一些利用信息网络实施的犯罪中导致大量在案手机、电脑难以准确没收或者发还。

(三) 涉案财产裁判处置问题

虽然涉案财产处置贯穿有组织犯罪案件侦查、审查起诉、审判全流程,但是人民法院的裁判发挥着终局性的作用,也是财产处置、执行的根本依据。依照相关法律规定,人民法院作出的判决,应当对随案移送的涉案财产作出处理,列明相关财产的具体名称、数量、金额、处置情况等,还应在判决中写明需要继续追缴尚未被足额查封、扣押的其他违法所得。可见,作为涉案财产处置依据的裁判文书,判项内容必须明确、具体、可执行。但是调研发现,人民法院裁判文书涉案财产认定和处置部分仍存在判项不规范的问题,一定程度上影响了执行质效和"打财断血"的成色。比如,刑法第六十四条规定:"犯罪分子违法所得的一切财物,应当予以追缴或责令退赔;对被害人的合法财产,应当及时返还;……"但是,有些案件的裁判文书判项表述不统一,在返还被害人合法财产时,具体是适用追缴还是责令退赔,缺乏统一的理解认识,存在判项表述笼统、不明确、不合理的问题。例如,有的表述为"继续追缴被告人占有的被害人合法财产,依法发还被害人",而如果在将来涉案财产执行过程中发现被犯罪分子占有的被害人合法财产已经灭失,该判项将无法执行;同时,如果执行部门发现了黑恶分子的案外财产,却因该财产并非违法所得,不符合文书判项表述而无法用于发还被害人。又如,有的裁判文书判项不合理,根据相关法律规定,人民法院应当根据实施违法犯罪活动的次数、性质、地位、作用、违法所得数额以及造成损失的大小等情节,并综合考虑犯罪分子的经济能力,依法决定财产刑的适用。但是实践中存在片面追求从严惩处,不考虑被告人实际履行能力,判处虚高的罚金刑,从而导致空判、无法实际执行到位的问题。再如,有的裁判文书判项不甚明确,有的表述为"对涉案赃款继续予以追缴",但追缴数额不明确,有的表述为"没收个人部分财产",但具体财物、金额不明确,有的表述为"责令被告人退赔违法所得,发还被害人",但未提供被害人名单,或仅提供被害人名单,但应发还各被害人的具体金额不明确。

(四) 利害关系人权益保障问题

对于由犯罪行为所引发的损害,受到损害的一方通常可以在刑事诉讼过程中提起民事诉讼,或者在人民法院对公诉案件作出判决之后,向同一审判组织提起民事诉讼,从而就其因犯罪行为所受到的损害结果请求民事赔偿。[①] 然而,一直以来,刑事案件涉案财产的没收、追缴和返还等关乎当事人民事权益的问题并未得到应有的重视,法庭对涉财产事实缺少专门调查,遑论组织控辩双方、被害人就涉案财产进行专门辩论。

---

① 参见陈瑞华:《刑事附带民事诉讼的三种模式》,载《法学研究》2009年第1期。

在目前的法律法规体系中，案外利害关系人缺少实质的程序参与权。① 其一，利害关系人缺乏知情权。公安司法机关在对有组织犯罪涉案财产进行查封、扣押、冻结或者没收时，目前并无法定义务告知利害关系人。其二，利害关系人缺乏参与权。实践中，有组织犯罪涉案财产处置具有较为明显的职权主义色彩，其程序运行较为封闭，办案单位在判决前并不公开需要处置的涉案财产，判决后也不将裁判文书送达利害关系人。其三，利害关系人的权利缺乏救济。利害关系人在判决前不能参与到法庭审判程序中来，判决后就谈不上对涉案财产处置内容提出异议。由于涉案财产处置程序对利害关系人的公开程度不足，利害关系人缺乏充分必要的程序参与，对涉案财产提出的权利主张无法得到有效保障。② 尤其是在利害关系人缺少法定的上诉权、请求抗诉权的情况下，其现有权利难以实现有效的救济。

三、有组织犯罪涉案财产认定和处置问题的原因分析

（一）传统执法办案理念的制约

其一，传统的刑事诉讼理论认为，刑事诉讼以认定被告人的刑事责任为目的而展开，其系"对犯罪行为是否成立做一决定，并且要确定对

---

① 《中共中央办公厅、国务院办公厅关于进一步规范刑事诉讼涉案财物处置工作的意见》规定："善意第三人等案外人与涉案财物处理存在利害关系的，公安机关、国家安全机关、人民检察院应当告知其相关诉讼权利，人民法院应当通知其参加诉讼并听取其意见。被告人、自诉人、附带民事诉讼的原告和被告人对涉案财物处理决定不服的，可以就财物处理部分提出上诉，被害人或者其他利害关系人可以请求人检察院抗诉。"但是该表述在其他相关规定中并未得到配套落实。比如，《最高人民法院关于刑事裁判涉财产部分执行的若干规定》第十五条规定："执行过程中，案外人或被害人认为刑事裁判中对涉案财物是否属于赃款赃物认定错误或者应予认定而未认定，向执行法院提出书面异议，可以通过裁定补正的，执行机构应当将异议材料移送刑事审判部门处理；无法通过裁定补正的，应当告知异议人通过审判监督程序处理。"《刑事诉讼法解释》第二百七十九条第二款仅规定，应当听取案外人的意见，必要时可以通知案外人出庭。反有组织犯罪法对利害关系人的权益保障作出规定，但也仅是听取意见、依法处理、对处理不服的可以提出申诉或者控告。以上规定对利害关系人如何参加诉讼、诉讼地位、审查程序、上诉权等均未作出规定。

② 参见徐岱、毕清辉：《黑恶势力犯罪涉案财产处置程序完善路径探析》，载《国家检察官学院学报》2021年第2期。

有罪之判决应判以何种适当的刑罚的活动"①。因此，在打击有组织犯罪的实践中，普遍存在"重定罪量刑、轻财产处置"的观念，办案机关只注重对人和行为的法律定性和处罚，而忽视对涉案财产的法律定性，或者仅将涉案财产作为认定行为性质的证据，因而不注重对涉案财产调查取证，证据收集不全面。这种传统的办案理念与经济欠发达的历史环境有关，但是显然已无法适应如今社会财富激增、有组织犯罪案件涉案财产数额巨大的状况。其二，受上述观念的影响，长期以来，我国在涉案财产的处置上实行的是一种行政式审批程序与公开审判程序并存的"双轨制"模式。② 这种传统的制度设计是职权主义视角的，过于依赖公权力在准确认定、处置涉案财产方面发挥的作用，而忽视了通过对各方参与权的配置可以达成的有效制约。比如，法院无法对审前侦查机关和检察机关的自行处置进行司法审查，因而该处置无法受到司法权的制约；再如，庭审过程中被告人、被害人以及其他利害关系人无法有效参与涉案财产认定处置的裁判过程，公诉机关不会因在涉案财产处置方面的举证不力而承担与定罪量刑相同的后果，诉讼形态的缺失导致裁判权难以受到诉权的有效制约。其三，即使单独考察涉案财产处置工作，办案机关也存在"重打击、轻保护"的观念，在"打财断血""黑财清底"的过程中容易出现超范围查扣、"一扣到底"等情况，忽视了对公民财产权的保护及相关权利的救济，尤其是在一些涉及民营企业家犯罪的案件中，产权保护和服务经济社会发展大局的意识尚显不足。

（二）现有规范体系的掣肘

反有组织犯罪法制定前，关于认定和处置有组织犯罪案件涉案财产的规定散见于刑法、刑事诉讼法和相关司法解释、规范性文件中，虽有一定规模，但是欠缺系统性、位阶较低。反有组织犯罪法的出台标志着我国反有组织犯罪规范体系的形成。但是，因为有组织犯罪涉案财产处

---

① ［德］克劳思·罗科信：《刑事诉讼法》，吴丽琪译，法律出版社 2003 年版，第 7 页。
② 参见方柏兴：《论刑事诉讼中的"对物之诉"》，载《华东政法大学学报》2017 年第 5 期。

置牵涉的部门多、程序繁杂，对相关工作的规制难度极大。现有的规范体系中仍存在一些不相协调之处：其一，有的规范中对制定主体之外的其他机关、部门配置了义务，导致一些较为具体的工作要求在得不到其他部门配合时，无法依照规范进行有效规制。比如，2012年《刑事诉讼法解释》第三百六十七条第二款规定："涉案财物未随案移送的，人民法院应当在判决生效后十日内，将判决书、裁定书送达查封、扣押机关，并告知其在一个月内将执行回单送回。"第三百六十九条第二款规定："查封、扣押、冻结的财物属于被告人合法所有的，应当在赔偿被害人损失、执行财产刑后及时返还被告人；财物未随案移送的，应当通知查封、扣押、冻结机关将赔偿被害人损失、执行财产刑的部分移送人民法院。"但因《刑事诉讼法解释》系最高人民法院制定，实践中查扣机关如果不予配合，法院欠缺有效的制约措施。因此，前述第三百六十七条在2021年《刑事诉讼法解释》中被微调，增加了"确因客观原因无法按时完成的，应当说明原因"的表述，但实际上仍未解决上述问题。而前述第三百六十九条第二款后半段表述在2021年《刑事诉讼法解释》中被删除。其二，有的规范存在逻辑上的矛盾冲突。比如，刑事诉讼法第二百四十五条第二款规定："对作为证据使用的实物应当随案移送，对不宜移送的，应当将其清单、照片或者其他证明文件随案移送。"但2021年《刑事诉讼法解释》第四百四十条规定："对作为证据使用的实物，应当随案移送。……"对照而言，刑事诉讼法与《刑事诉讼法解释》关于作为证据使用的实物是否必须随案移送的表述并不一致，容易引发争议。其三，有的规范无法对特殊情况作出有效回应。比如，对于债券、股票、基金份额等财产的先行处置，《意见》及2021年《刑事诉讼法解释》均为"经权利人同意或者申请"，反有组织犯罪法又调整为"经权利人申请"，但实践中此类财产面临价值巨大波动时，如果权利人不申请，办案单位就无法依职权进行处置，可能导致财产价值严重贬损的后果。

（三）有组织犯罪的特殊性

黑恶势力的生成、发展是一个渐进的过程，不少组织存续时间长、涉及人员多、活动范围广,涉案财产来源多元化、形态多样化、规模较大,动辄上千万元、数亿元,客观上对公安机关和司法机关的办案力量提出了严峻挑战。同时,办理有组织犯罪案件时往往涉及三类证据。一是证明犯罪组织的证据。二是犯罪组织及其成员所实施的具体犯罪的证据。此类证据并不是具体犯罪相关证据的简单累积,还要进一步收集组织者、领导者在具体犯罪中地位、作用以及承担刑事责任范围和程度的证据。三是关于涉案财产的来源、权属、性质和价值的证据。但是,有组织犯罪案件的涉案财产权属、来源、性质错综复杂,合法行为与非法行为相互交织,个人财产与家庭财产混同,以及财产转移、挂靠、设置他项权等,增加了涉案财产的定性难度和查处涉案财产的难度。加之重定罪量刑的传统观念及办案期限等限制,往往导致侦查机关更加重视前两类证据的调查取证,相应也就弱化了对所查封、扣押、冻结的涉案财产来源、权属、性质和价值等的调查取证,即使予以收集,也很难对每一笔涉案财产的来源、权属、性质和价值实现证据供给。实践中经常出现的现象是,办案机关在对涉案财产采取查封、扣押、冻结等措施时均依法履行了相关手续,但对证明其来源、权属、性质和价值的证据收集不充分,或由于犯罪组织成员有意毁灭罪证、拒不交代等,致使相关情况难以查清,为之后的司法处置埋下隐患。① 再者,以涉黑案件为例,涉黑财产在来源上、获取手段上既可能是非法的,也可能是合法的,但即使来源合法,只要用于"支持该组织的活动",该部分财产即属于涉黑财产,这与普通刑事案件在涉案财产的认定上有所不同。而且,黑社会性质组织从成立到案发往往时间较长,其间所获得的一系列经济利益是否应当全部认定为涉黑财产,或者在什么情况下属于组织成员的合法所得较难判断。尤其是当黑社会性质组织发展到一定阶段后,往往以合法形式掩盖违法所得,造成一种财产"来源合法、手段正当"的假象,使有组织犯罪案件涉案财产的认定处置工作难度远超普通刑事案件。

---

① 参见张向东:《黑社会性质组织犯罪涉案财物的处置困境及应对》,载《中国刑事法杂志》2019年第1期。

四、有组织犯罪涉案财产认定和处置的对策建议

（一）着眼经济社会发展大局，转变司法理念，统筹定罪量刑与财产处置

1. 坚持系统观念，确保"三个效果"有机统一

如前所述，反有组织犯罪法合理吸收、系统集成了现行法律规定、机制方法、实践经验，既与现行法律规定保持协调统一，又对部分重点问题作出补充规定，在个别条款中对刑事诉讼法作出特别规定，有效满足了扫黑除恶实践需求，确保了有组织犯罪案件涉案财产认定和处置工作法律效果、政治效果、社会效果的有机统一。在司法实践中需要坚持系统观念，比如，在适用反有组织犯罪法第三十九条时，就要与刑事诉讼法及相关司法解释中关于查询、查封、扣押、冻结涉案财产的一般规定做好衔接，如刑事诉讼法第一百零二条、第一百一十五条、第一百一十七条、第一百四十一条、第一百四十四条、第一百四十五条、第一百九十六条、第二百九十八条等条款，《刑事诉讼法解释》第一百八十九条、第三百四十一条、第三百四十二条、第三百四十三条、第六百一十三条等条款，保证刑事法律制度体系的稳定。

2. 坚持法治思维，运用法治手段解决实践问题

坚持法治思维，提升扫黑除恶工作法治化、规范化、专业化水平，是有效遏制有组织犯罪滋生蔓延，推进国家治理体系和治理能力现代化的基础。在有组织犯罪涉案财产认定和处置工作中，要注重处理惩治犯罪与保障人权、规范执法的关系，进一步规范执法司法活动，有效解决涉案财产处置程序不规范、处置措施不精准等问题；要在依法铲除黑恶势力经济基础的同时，坚持以审判为中心，坚持证据裁判原则和司法公开原则，依法尊重和保障涉案人员的合法权益，充分保护当事人及利害关系人的合法财产权益，减少对生产生活、营商环境的负面影响，积极回应社会关切；要在司法活动中严格按照反有组织犯罪法的规定规范办

案行为，用法治保障人民安居乐业，不断增强人民群众获得感、幸福感、安全感。

3. 坚持目标导向、问题导向，全面、准确、高效认定和处置涉案财产

刑事诉讼过程中，涉案财产能否得到妥善处理，既关乎刑事追诉的有效性问题，也关乎宪法所重视的公民财产权保护问题。因此，刑事涉案财产处置应当在追诉犯罪和保护财产权之间进行合理的价值平衡，不能顾此失彼。① 传统的"重定罪量刑、轻财产处置"观念以及由此带来的界定不清、调查不力、甄别不准、处置不到位等问题，是常态化开展扫黑除恶斗争阶段无法回避、亟待解决的。要树立定罪量刑与财产处置并重的执法办案理念，同时摒弃"重打击、轻保护"的传统理念，坚持目标导向、问题导向，围绕涉案财产认定处置实践中的重点难点，用足用好反有组织犯罪法中关于财产全面调查制度、等值财产追缴没收制度、涉案财产处置证明标准等规定，全面、准确、高效认定和处置有组织犯罪涉案财产，充分发挥财产处置对于整体办案效果的重要作用，推动实现惩治有组织犯罪、保护产权秩序、促进经济社会发展的有机统一。

（二）完善涉案财产处置程序衔接，夯实认定处置基础

1. 做好涉案财产全面调查

"涉案财产"并不属于学理概念，而是实务中的一种惯常用法，此前法律文件中还经常使用"赃款赃物"这一称谓。一般说来，其是指司法机关查封、扣押、冻结的与案件有关的财物及其孳息。② 但是从整个刑事诉讼过程对于涉案财产处置的周延性要求来看，涉案财产不仅包括可能作为违法所得、犯罪工具和违禁品而予以没收、返还的赃款赃物，也包括可能作为执行财产刑、退赔被害人而予以保全的被告人合法财产，还

---

① 参见陈卫东：《涉案财产处置程序的完善——以审前程序为视角的分析》，载《法学杂志》2020年第3期。

② 参见孙国祥：《刑事诉讼涉案财物处理若干问题研究》，载《人民检察》2015年第9期。

包括单纯作为证据使用的当事人或案外人的财物;不仅包括已经查扣在案的可执行之物,还包括尚未查扣在案需要继续追缴或责令退赔的待执行之物;不仅包括具有财产价值的实体物,还包括非实体物及对物的相关权利。① 因此,对涉案财产宜作如下定义:在刑事诉讼过程中可能与案件处理直接或间接相关的、受法律规制的、具有财产价值的物的总称。② 反有组织犯罪法第四十条规定:"公安机关、人民检察院、人民法院根据办理有组织犯罪案件的需要,可以全面调查涉嫌有组织犯罪的组织及其成员的财产状况。"这里的全面调查制度填补了之前对调查犯罪嫌疑人、被告人合法财产的规定空白。因此,应对涉嫌有组织犯罪组织及其成员的所有合法财产与非法财产进行调查,包括但不限于:银行资产,包括存款、理财产品、国债等;证券、期货、基金、保险资产,保险资产中尤其注意储蓄型分红型保险;公司股权,要注意代持股权的情况,对各个涉案或关联企业的股东出资、来源、分红等情况进行专项审计,及时固定证据;土地、房屋资产;车辆等动产,要注意使用他人名义或以单位名义购买车辆的情况;债权;无产权土地、房产,主要是由于一些地区的历史遗留问题导致部分土地、房产无产权登记信息,需要去所在地的街道办或者居委会查询底单,以核实资产权属。

2. 强化职责分工与工作衔接

其一,切实做好审计评估工作。有组织犯罪涉案财产往往总量巨大、类型多样、关系复杂,办案单位必须高度重视组织审计评估工作,为确定涉案财产来源、性质、权属以及价值打好基础。其二,各环节提出明确处理意见建议。反有组织犯罪法第四十四条将《意见》第11条中"公安机关、人民检察院应当加强对在案财产审查甄别。在移送审查起诉、提起公诉时,一般应当对采取措施的涉案财产提出处理意见建议"的"一般"删除,修改为"应当提出",因此,应切实加强立案审查,对检

---

① 参见王勇:《论刑事涉案财物处理程序——基于规范化的分析视角》,载《山东审判》2017年第5期。

② 参见陈卫东:《涉案财产处置程序的完善——以审前程序为视角的分析》,载《法学杂志》2020年第3期。

察机关未移送涉案财产清单、未提出处理意见建议、未移送利害关系人所提异议及相关证据的，通知检察机关在三日内补充移送，未按期补送的，要求书面说明理由；刑事审判部门应及时结合书面说明审阅卷宗，认为理由不成立的，立案部门通知检察机关三日内补充移送，未补充移送的，提请同级扫黑办协调处理并报告上级法院，上级法院及时报送同级检察院，必要时提请同级扫黑办协调处理；刑事审判部门向被告人、辩护人送达起诉书副本时，一并送达检察院移送的涉案财产清单及处理意见建议，并将相关财产的处理意见建议告知书面提出异议的利害关系人。其三，涉案财产证据独立成卷。司法实践中，证明财产属性的证据往往混杂在证明犯罪事实的证据之中，零散杂乱，不成体系。针对有组织犯罪案件证据材料庞杂的情况，建议建立涉案财产证据独立成卷制度，公安机关对涉案财产证据材料单独立卷，系统整理，便于后续办案机关对涉案财产证据进行审查，及时开展续封、续冻等工作。

3. 优化判前返还与先行处置

其一，执法办案行为必须严格依照法定条件和程序进行，防止因程序违法、工作瑕疵等影响案件审理和涉案财产处置。不得查封、扣押、冻结与案件无关的财产，已经查封、扣押、冻结的财产，经查明确实与案件无关的，应当在查明之日起三日内解除强制措施，予以退还。其二，依据法律规定，对被害人的合法财产，权属明确的，应当依法及时返还。为了更好地保障当事人合法权益，应进一步加大判前返还的工作力度，办案机关要及时、准确认定，对于权属明确的，要敢于返还。当然，如果必须作为证据使用，且须当庭出示的物证，则应当暂缓返还，并向被害人说明原因。[1] 其三，在判决生效前依法出售和变现有关财产，与在判决生效后再对这些财产进行没收、返还等作实质处理是不矛盾的，且司法实践中确实存在这种需要和做法。一方面，要严格按照反有组织犯罪法第四十三条规定的程序要求，对易损毁、灭失、变质等不宜长期保存

---

[1] 参见杨万明主编：《新刑事诉讼法司法适用解答》，人民法院出版社2018年版，第285页。

的物品，有效期即将届满的汇票、本票、支票等及债券、股票、基金份额等财产先行处置，保管所得价款并及时告知相关人员；另一方面，对于危害国家安全的传单、标语、信件和其他宣传品，秘密文件、图表资料，珍贵文物、珍贵动物及其制品、珍稀植物及其制品等，要稳妥进行审前处置，如果确实不宜移送的，可以适用《刑事诉讼法解释》规定，或者个案协商处理。①

（三）充分发挥审判职能作用，依法准确认定、处置涉案财产

1. 突出庭前准备工作

有组织犯罪涉案财产处置涉及不同业务领域，政策性、操作性要求高，情况复杂。建议突出庭前准备工作在涉案财产处置中的作用：一是制作涉案财产审查报告，对关于财产来源、性质、用途、权属、价值的言词证据，财产购买凭证、资金注入凭据、权属证明等书证，评估鉴定意见等证据进行梳理；对新发现的涉案财产采取相应保全措施；对不宜保管的财产或者财产性权利，依照法定程序先行处置。二是组织涉案财产会商，由刑事审判部门牵头，召集民事、执行、行政等部门法官共同研讨，理顺法律关系，商议处置方法；对需要上级机关协调或有关单位配合的托管、代管等问题，提出协商方案；对权属明确的被害人合法财产，依法及时返还。三是召开庭前会议，对涉案财产证据单独示证，引导控辩双方就相关证据发表意见，询问是否申请调取或提供新的财产证据。

2. 设置相对独立的庭审环节

《刑事诉讼法解释》第二百七十九条第一款规定："法庭审理过程中，应当对查封、扣押、冻结财物及其孳息的权属、来源等情况，是否属于违法所得或者依法应当追缴的其他涉案财物进行调查，由公诉人说明情况、出示证据、提出处理建议，并听取被告人、辩护人等诉讼参与人的

---

① 参见杨万明主编：《新刑事诉讼法司法适用解答》，人民法院出版社2018年版，第286页。

意见。"《意见》第 13 条规定，"人民检察院在法庭审理时应当对证明黑恶势力犯罪涉案财产情况进行举证质证"。反有组织犯罪法第四十四条第二款规定，"在审理有组织犯罪案件过程中，应当对与涉案财产的性质、权属有关的事实、证据进行法庭调查、辩论"。有组织犯罪案件财产状况复杂、种类繁多，对于涉案财产，需要证明财产的非法性以及（或）与犯罪的关联性，对于拟判处财产刑的合法财产，需要证明该财产系被告人所有。应在庭审中对涉案财产设置相对独立的法庭调查、法庭辩论环节：一方面，便于控辩双方明确争议焦点，充分举证、质证，有针对性地发表意见，有利于维护被告人合法权利、保障案外人利益；另一方面，可以促进侦诉机关更加重视财产事实的调查取证，帮助审判人员更为全面、详尽地审查与认定财产事实，切实提高裁判的准确性、权威性、可执行性。

3. 审慎甄别、认定涉案财产

第一，反有组织犯罪法第四十五条第三款规定了高度可能性证明标准，在适用时需要注意四点。一是在适用范围上，高度可能性证明标准只适用于黑社会性质组织犯罪，对恶势力犯罪及其他犯罪不适用。二是在适用前提上，应当满足：一方面，黑社会性质组织犯罪定罪量刑事实已经查清。对上述定罪量刑事实，应当适用确实、充分的证明标准。另一方面，适用对象只能是黑社会性质组织存续期间获得的违法所得及其孳息、收益。关于黑社会性质组织的成立时间，可以参照此前相关文件的规定认定。三是在举证责任上，公诉机关应当对达到高度可能性标准承担举证责任。实践中要与反有组织犯罪法第四十四条的规定一体适用；被告人提出异议的，应当对异议以及财产的合法来源承担举证责任。第二，在适用反有组织犯罪法第四十五条第二款规定的等值财产追缴、没收制度时，可以参照执行《意见》第 19 条的规定，确保法律执行的稳定统一。第三，要高度重视对利害关系人的权益保障，对利害关系人就涉案财产处置提出的异议，应当听取意见、及时核实、依法处理。具体而言，可以通知其参加庭前会议并提交书面意见、证据材料，不到场或中途退出的,询问意见并记录在案,必要时可以通知其出庭,利害关系人对处理结果可以通过提出申诉或者控告的方式进行救济。第四,审慎适用善意取得制度。关于善意取得制度,司法实践中存在较大认识分歧,相关问题还需要进一步总结经验,争取形成共识。① 反有组织犯罪法考虑到相关问题较为复杂,未作明确规定。在办理有组织犯罪案件过程中,要审慎适用善意取得制度,尤其在一些被害人系弱势群体等特殊情况下,应深入研判追缴、没收或者适用善意取得可能产生的审理效果,统筹刑事法秩序与民事交易秩序之间的平衡。

4. 规范、准确作出涉财产部分裁判

人民法院经过审理形成的裁判文书,应当对涉案财产的处置作出明确结论,对侦查机关、检察机关先行采取的返还或者处置措施的合法性应当作出评价,对尚未到案的涉案财产也应当作出是否继续追缴的裁判。② 裁判文书是审判活动的重要载体,是社会评价案件的直接依据。有组织犯罪案件裁判文书在多方面具有引领和示范作用,关于其中涉财产内容,法院亦应本着认定事实准确、证据充分、说理透彻、文字简练等原则制作文书:一是在宣判之前已经被司法机关依法处理的财产(如发还被害人),应在判决书的事实、证据部分予以表述;二是当控辩双方对财产处置方式争议较大时,应充分论证,积极回应辩论意见,释法析理,消除各方疑惑;三是对检察院在法定期限内未补充的涉案财产证据,或经补充仍不能查清的涉案财产事实,应在判决书中写明,判决生效后检察院移送的财产作为执行线索移送执行部门处理;四是财产或者有关当事人人数较多,不宜在文书正文中详细列明的,应概括叙述,另附清单写明名称、金额、数量、存放地点及处理方式等,既保持判决书主体的完整性、简洁性,又能有效指导执行工作。

---

① 参见李少平主编:《最高人民法院关于适用〈中华人民共和国刑事诉讼法〉的解释理解与适用》,人民法院出版社2021年版,第467页。

② 参见王爱立等主编:《反有组织犯罪法释义与适用》,中国民主法制出版社2022年版,第257页。

（四）健全打击有组织犯罪工作机制，提升财产处置能力水平

1. 加强审判队伍专业化建设

涉案财产认定和处置涉及刑事、民事、行政、执行等多领域业务，以目前人民法院审判队伍的分工配置，法官审理相关案件的难度极大，且容易因处置不当损害当事人合法权益或者影响企业正常经营，虽然可以在个案中通过组织部门会商等方式予以解决，但是在常态化开展扫黑除恶斗争的背景下，加强有组织犯罪审判团队建设更具长远意义，可以借鉴参照未成年人审判、环境资源审判等成功经验，探索建立有组织犯罪审判专业合议庭、专门审判庭，吸纳相关部门审判力量。应当探索推行有组织犯罪案件集中管辖，提升涉案财产处置的专业化水平。应当加强有组织犯罪涉案财产认定和处置调研、指导、培训，将其纳入法官职前培训、日常轮训，作为重点内容科学安排师资力量，编制相关法律法规文件汇编，不断提升审判能力水平，确保依法、全面、准确认定处置涉案财产。

2. 加强配套规范体系建设

在反有组织犯罪法的统领下，各相关单位应对有组织犯罪涉案财产认定和处置相关的规范文件进行梳理整合，按照系统观念的要求打通各环节法律法规衔接中的"梗阻"，确保财产认定处置顺畅合规。要进一步研究制定相应的实施办法、细化政策法规、规范工作流程，在相关程序的细化过程中重点关注涉案财产范围的界定、压实证明责任、细化独立程序、保障利害关系人权益及配置有效救济等方面。同时，要以反有组织犯罪法约束相关法律规范的解释，使其遵守法律解释的基本原则，不能脱离法律文本的限制和违背法律规定的基本精神，尤其警惕在涉案财产认定和处置中"重打击、轻保护"的陈旧观念，深入理解把握中央关于在法治轨道上常态化推进扫黑除恶斗争的精神，以产权保护理念为主线，构建新时期办理有组织犯罪案件财产权保护规则和权利救济机制。

3. 加强集中保管平台建设

建立跨部门的统一的刑事诉讼涉案财产集中管理平台,是党的十八届四中全会的要求,也是最高人民法院"四五改革纲要"提出的改革目标。建成涉案财产集中管理平台,可以有效解决涉案财产移送、保管、拍卖、上缴、信息公开等一系列难题。但是从实践来看,刑事涉案财产的集中保管制度实施时间不长,由中央政法委、财政部、最高人民法院等单位牵头建立的涉案财产跨部门集中管理信息平台已开始应用,但其效果还没有完全显现,各地发展也不均衡。建议从以下六个方面加强集中保管平台建设:第一,借鉴非法集资等涉众型经济犯罪案件涉案财产处置中在各级设立专门的协调机构,按照"三统两分"工作原则进行处置的做法,充分发挥中央及地方扫黑办的作用,牵头推进涉案财产集中管理平台的建设及应用。第二,建立清单移送和实物保管相分离的制度,查封、扣押、冻结的涉案财产均由集中保管平台统一保管,不再相互移送流转。对于集中保管的物品,如果依照规定不需要移送实物的,随案移送清单等材料可以纳入"随案移送"的情形。① 犯罪工具等实物证据,开庭时需要出示的,可由举证方向平台借出使用。第三,设立专门的保管场所和账户,配备专门的保管人员。第四,加强信息公开,建立涉案财产清单网上公开查询制度,保障当事人及利害关系人知情权。第五,涉案财产的上缴、退赔、拍卖可由集中保管平台实施,进一步减少相关程序内耗,提高涉案财产处置质效。第六,由集中保管平台统一负责涉案经营性资产代管、托管工作,平台制定委托程序,择优从具备资质的机构中选择机构作为代管方或托管方,监督其经营管理行为,避免资产流失或者大幅贬值。在部分经营性资产经法定程序认定属涉黑财产时,也可及时启动处置程序,依法追缴、没收。

---

① 参见李少平主编:《最高人民法院关于适用〈中华人民共和国刑事诉讼法〉的解释理解与适用》,人民法院出版社 2021 年版,第 465 页。

编者按：刑事司法实践中重罪刑认定、轻财产处理的现象长期存在，对刑法第六十四条的理解与适用也存在较大分歧。本文以千余份裁判文书为研究样本，对实践中的不同做法进行了系统梳理，具有一定的探索性，在此收录以供读者参阅。

刑事涉案财产审查与认定规则

——以1003份裁判文书为实证样本[*]

马　飞[**]

【摘要】刑法第六十四条作为刑事涉案财产查控、处置活动的主要实体法依据，具有多重属性，有其独特的立法目的与价值取向。在追赃挽损过程中不宜机械照搬定罪量刑程序的既有概念或既成规则，有必要对刑事涉案财产查控和处置相关概念、程序进行清晰界定及特殊安排，探索建立一套更加符合追赃挽损自身客观实际的审查与认定规则体系。

【关键词】刑事涉案财产　违法所得　善意取得　追缴　责令退赔

一、刑事涉案财产审查与认定现状及困境

本文所称刑事涉案财产主要是指刑法第六十四条规定的"违法所得

---

[*] 本文为最高人民法院2021年度司法统计分析课题"财产刑及刑事涉财产部分执行问题研究"阶段性成果。

[**] 作者单位：内蒙古自治区包头市中级人民法院刑二庭。

的财物""违禁品""供犯罪所用的本人财物"等各种需要在刑事诉讼中查控、处置的相关财产。笔者以"刑法第六十四条"为关键词随机搜索下载中国裁判文书网案例 2610 件，去除重复案例、内容不完整案例等，最终整理出有效案例 1003 件，其中一审刑事案件 491 件，二审刑事案件 336 件，刑事再审案件 53 件，刑事申诉案件 77 件，其他执行复议、异议、民事一审、二审案件共计 46 件。

（一）涉案财产处置难较集中于侵财型犯罪

从样本案由的分布情况来看，数量排在第一位的是诈骗类案件，尤其以合同诈骗罪为多，占到样本总数的 17.7%，此类案件刑民交叉情况普遍，历来是审判实务中的难点，涉案财产处置较为困难；数量排在第二位的是职务犯罪案件，此类案件涉案财产执行到位率相对较高，执行难度较小；数量排在第三位的是非法集资案件，占到样本总数的 10.87%，此类案件往往涉及人数众多、法律关系复杂、财物数量庞大、种类繁多，处置难度较大（见图 1）。

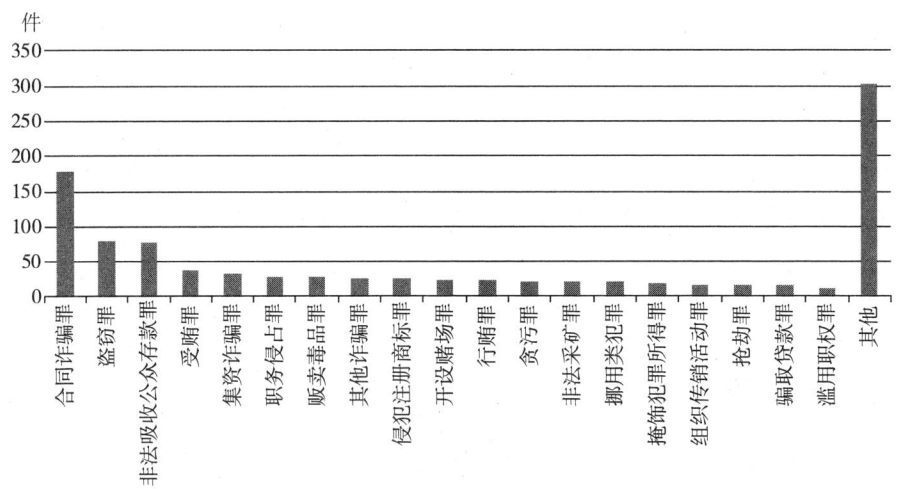

图 1　案由分布情况

（二）涉案财产种类繁多，不易处置

从查控财产的类型上看，案件数量排在第一位的是货币类财产，占到样本总数的 19.24%，此类财产易查控、易处置，是追赃挽损的重点所在；排第二位的是手机，占样本总数的 13.26%，此类财产易扣押，但价值较小，评估、变现困难，处置费用高、难度大，属追赃挽损中的"鸡肋"型财产；排第三位的是车辆、船只等交通、运输工具，占样本总数的 12.16%，此类财产价值较大，但评估、变现困难，贬值、灭失风险高，对处置工作的及时性要求较高；排第四位的是房屋、土地等不动产，占样本总数的 5% 左右，此类财产价值大，保值增值可能性高，但同样存在评估、变现难的问题；排第五位的是电脑、硬盘等存储、运算、支付电子产品或办公用品、耗材，占样本总数的 5% 左右，此类财产兼具手机和车辆的缺点，易损耗，不易处置（见图2）。

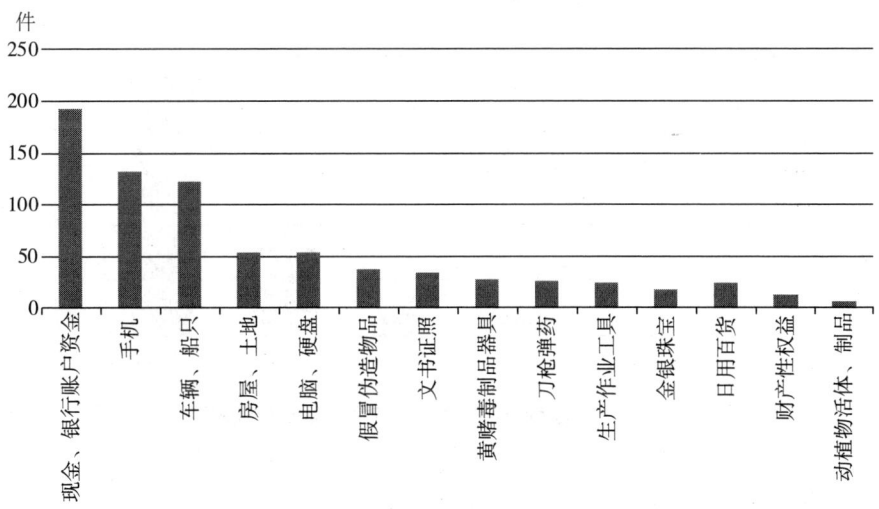

图 2　查控财产的类型

(三) 控方参与不足，诉讼结构不平衡

从检察机关、被害人、被告人、辩护人、案外人的参与程度来看，检察院针对涉案财产处置判项提出抗诉或者在起诉书、出庭意见中明确提出具体处置意见的裁判文书共 75 件，占比 7.48%；被害人参与刑事诉讼并针对涉案财产处置发表意见的案件共 14 件，占比 1.4%；被告人及其辩护人在刑事诉讼中针对涉案财产处置发表意见或提出上诉的案件有 317 件，占比 31.61%；案外人参与刑事诉讼并针对涉案财产处置发表意见或者提出执行异议、申诉申请的案件共 85 件，占比 8.47%（见图 3）。虽然以上文书可能因遗漏表述各方意见而形成一定误差，但整体可以反映出涉案财产处置过程中相关主体参与程度不高的问题，尤其对于承担控诉职能的检察机关而言，明显存在职能发挥不足的问题。

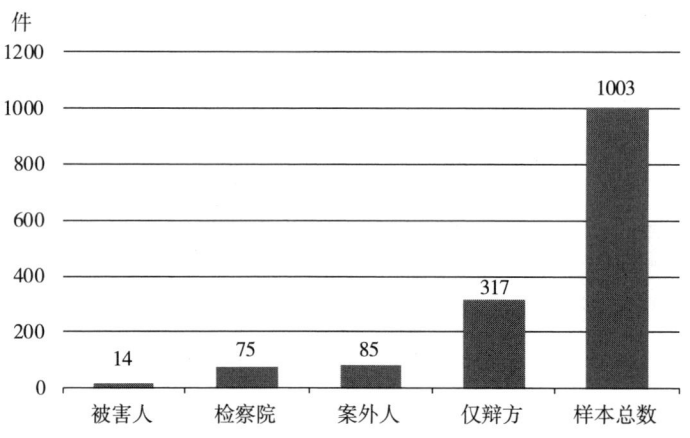

图 3 涉案财产处置过程中相关主体参与情况

（四）裁判文书判项不明确问题严重

从违法所得数额、退赔责任承担主体的明确性来看，在判处追缴违法所得的 439 份判决中，完全明确追缴具体数额的只有 90 件，占比 20.5%；在判处责令退赔的 261 份判决中，完全明确退赔数额的只有 31

件，占比11.87%；在存在多个被害人的225件案件中，明确应当返还各被害人具体数额的有21件，只占9.33%。

从财产处置主体、处置方式的表述来看，明确由查封、冻结、扣押机关处理的共121件，但其中107件未明确处置方式，只表述为"由扣押机关依法处理""由扣押机关负责处理""由公安机关依法处理"等，占比高达88.43%；另有5件明确判决由侦查机关继续追缴，表述为"由公安机关继续追缴赃款、赃物，按比例发还被害人"；有8件既未明确处置方式亦未明确处置主体，表述为"查封、扣押、冻结在案的款物依法处理"；另有35件直接退回检察机关处理或明确表明法院不予处理；除此之外，遗漏涉案财产处置判项或判项不列明被害人、案外第三人身份信息、不表述相关案情事实等问题仍存在，亟待规范。

（五）涉案财产审查、认定法律适用难点多，争议大

从案件的改判情况来看，二审或再审改判的案件共213件，其中因涉案财产处置不当被改判案件137件，占比64.32%，在一定程度上反映了涉案财产审查与认定疑难问题较多、争议较大。从改判的理由来看，因追缴不到位被改判案件60件，占比28.17%；因超范围追缴而被改判案件38件，占比17.9%（见图4）。由此可见，追缴范围的确定可谓是涉案财产审查与认定中的难点问题。

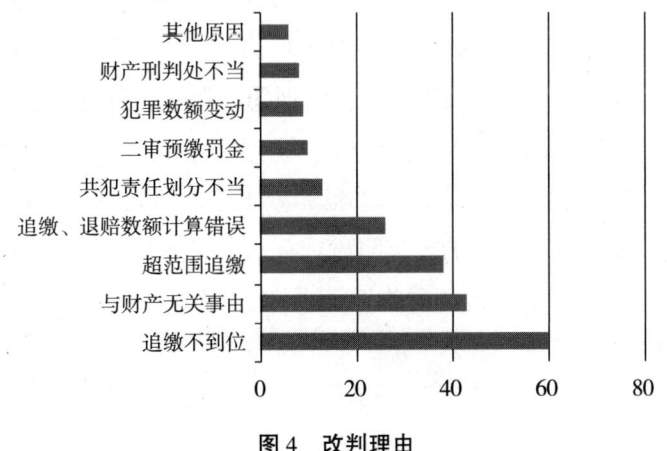

图4　改判理由

另根据笔者对内蒙古自治区近五年刑事案件涉财产部分执行问题的调查反馈，各地法官普遍反映刑事涉财产部分执行中存在以下问题：裁判文书违法所得数额等内容不清，执行依据不足；侦控机关不移送、选择性移送涉案财产，不提出处置意见；财产移交程序衔接不畅；财产保管、变现困难，费用高；财产贬值、灭失风险高；利害关系人参与、救济渠道不通畅；执行手段落后，难以执行到位；执行相关主体不明；执行法律适用难点多；保障机制不健全；等等。

二、刑法第六十四条立法目的探析及相关概念界定

（一）刑法第六十四条立法目的探析

我国刑法第六十四条关于刑事涉案财产查控与处置活动的规定（实务中一般称之为追赃挽损规定）类似于德国和日本等外国刑法中的追缴、特别没收、追征、对物诉讼等制度，主要是指剥夺犯罪所得之物、组成犯罪之物、供犯罪所用之物、由犯罪行为所生之物等与犯罪相关的物品或在没收不能时，命令替代缴纳价值相当的金钱的措施。关于上述措施的性质，刑法理论界尚无定论，立法实践也各有安排，有时被当作财产刑的一种，有时被作为一种准刑罚手段，有时被视为与财产刑或刑罚、保安处分并列的独立制裁措施。[①]

我国刑法第六十四条内容虽位列"刑罚的具体运用"一章中的"量刑"部分，凸显了其与刑罚手段类似的严厉性和强制性特点及与定罪量刑程序的客观联系，但又独具特色，与刑罚、保安处分等有着显著区别，理应引起足够的重视。

第一，刑法第六十四条关于"犯罪分子违法所得的一切财物，应当予以追缴或者责令退赔"的规定明显具有剥夺犯罪分子不当利益的意旨。其中心词指向"违法所得的财物"而非"犯罪分子"，具有"对利不对

[①] 参见马克昌：《比较刑法原理——外国刑法总论》，武汉大学出版社2002年版，第879-887页。

人"的典型特性。如此立法模式意味着对违法所得财物的剥夺可能不以犯罪分子承担刑事责任为前提，也不因犯罪分子死亡而终止。① 犯罪分子负担刑罚并不能换取保有不当利益，否则无异于刺激利欲熏心者铤而走险。同时，犯罪分子违法所得的财物并非静止不动，与之对应的追缴或责令退赔制裁措施也不可能只针对犯罪分子本人。② 实际上，向不当获利的案外人追赃已渐成实务常态。以上特性是由追赃活动的独特立法目的与财产性利益的动态流转规律客观决定的，与"刑罚止于犯罪分子一身"的特性有所不同。

第二，刑法第六十四条关于"对被害人的合法财产，应当及时返还"的规定，旨在对刑事被害人的损失予以补偿，修复社会关系，这显然并非刑罚、保安处分制度所重点统摄的领域。

第三，刑法第六十四条关于"违禁品和供犯罪所用的本人财物，应当予以没收"的规定，旨在防范社会风险，具有较强的保安处分特性。但对于不属于"违禁品"的"供犯罪所用本人财物"，则又兼具多重特性。

综上所述，笔者认为，将刑法第六十四条的规定视为旨在剥夺不当利益、惩治和预防犯罪、防范社会危险、挽回被害人损失，兼具刑罚、保安处分等多重特性的独立刑事制裁措施予以定位似更易被实务所接受。应高度重视追赃挽损相对于定罪量刑程序的特殊性，对法律适用、事实认定、程序规则作出符合该条款立法目的及追赃挽损客观规律的恰当安排。

---

① 参见《刑事审判参考》第44号案例（秦某抢劫、流氓、诈骗、侵占案——被告人在审理期间死亡的，刑事责任、违法所得、民事责任应如何处理）相关论述。

② 《最高人民法院、最高人民检察院、公安部关于办理非法集资刑事案件适用法律若干问题的意见》第五条"向社会公众非法吸收的资金属于违法所得。以吸收的资金向集资参与人支付的利息、分红等回报，以及向帮助吸收资金人员支付的代理费、好处费、返点费、佣金、提成等费用，应当依法追缴"的规定即是适例。

(二) 刑法第六十四条相关概念的界定

1. 违法所得的一切财物

"犯罪分子违法所得的一切财物"在相关司法解释、文件中也被称为涉案财产、涉案财物、涉案资金、赃款赃物、违法所得、非法所得、犯罪所得及其收益、非法获利等。这些概念从程序或实体等不同角度对违法所得的财物进行定义，并无优劣高下之分，但存在较多不合理的交叉、重合之处，易于混淆，引发歧义。有必要为"违法所得的一切财物"设立一个专属概念，并明确其内涵和外延。

(1) 违法所得的一切财物与违法所得、非法所得、犯罪所得、赃款赃物等概念的区别。

笔者认为，这些概念并非同一法逻辑体系下创设的系统性概念，而是散见于各种立法、司法文件中，在统一规范以上概念的努力中，可能需要考虑以下因素：一要注意概念的使用语境、词性，区分广义、狭义的"违法所得"；二要细化区分犯罪分子从被害人处取得的原款原物，犯罪分子本人及他人对取得物的占有、使用、处分所产生的财物，犯罪行为所获取的报酬，犯罪行为所制造出来的原本不存在的物，违法所得财物的等价交换物等概念；三要考虑根据行为的不同性质而使用不同的概念，并明确概念之间的上下位关系，确保不同部门法概念之间的协调，比如违法所得、违纪所得、犯罪所得等。

(2) 违法所得的一切财物是否包括非财产性收益。

刑法理论主流观点认为对刑法第六十四条"违法所得的一切财物"应当进行扩大解释，不仅包括违法所得的财物本身，而且包括违法所得的财物投资、置业形成的财产性收益。我国相关司法文件[①]中亦肯定了这样的观点，各地法院亦形成了将违法所得产生的财产性收益予以追缴的司法惯例。

---

① 如《最高人民法院、最高人民检察院、公安部、司法部关于办理黑恶势力刑事案件中财产处置若干问题的意见》等。

对于犯罪分子所获的诸如经营资格、资质与职务晋升等非财产性收益如何处理较为复杂。有观点认为可参照《最高人民法院、最高人民检察院关于办理行贿刑事案件具体应用法律若干问题的解释》第十一条第二款的规定，一律建议有关部门依照相关规定予以处理。但也有观点认为应该细分不同情形分别处理。如果该非财产性利益在刑事诉讼活动结束前已经转化为财产性利益，比如将行贿所得特许经营证照转手倒卖所获收益或通过行贿所获职务晋升后所得岗位津贴等，视为违法所得予以追缴。笔者认为，细化处理的设想理论上更为完善，但在现有刑事诉讼资源紧缺的条件下，大幅扩张追赃审查范围难保妥当。当下工作的重心可能更应在于刑事追赃与相关部门行政处罚、政纪处分等手段如何有效衔接的问题上。

（3）违法所得的财物的计量。

在此有必要结合违法所得概念在立法功能上的不同而作不同理解。要将用于判断犯罪行为社会危害性程度的犯罪数额、违法所得数额[①]与剥夺不当获利中的待追缴的违法所得数额[②]予以区分。

作为刑事立案标准或者在确定法定刑幅度、罚金判处数额意义上使用的违法所得数额应根据具体犯罪的不同构成要件，结合司法解释的相关规定予以确定，有时指可得或已得违法所得的总额，有时指纯获利，有时还包括因此避免的损失等。例如，《最高人民法院、最高人民检察院关于办理环境污染刑事案件适用法律若干问题的解释》第十七条规定违法所得，是指实施刑法第二百二十九条、第三百三十八条、第三百三十九条规定的行为所得和可得的全部违法收入；《最高人民法院关于审理非法出版物刑事案件具体应用法律若干问题的解释》第十七条规定违法所得数额是指非法获利数额，是与非法经营数额并列的不同概念；《最高人民法院、最高人民检察院、公安部、司法部关于办理非法放贷刑事案件

[①] 如刑法第一百七十五条规定，以转贷牟利为目的，套取金融机构信贷资金高利转贷他人，违法所得数额较大的，处三年以下有期徒刑或者拘役，并处违法所得一倍以上五倍以下罚金。

[②] 如刑法第六十四条的规定。

若干问题的意见》第五条规定非法放贷行为人实际收取的除本金之外的全部财物,均应计入违法所得;《最高人民法院、最高人民检察院关于办理利用未公开信息交易刑事案件适用法律若干问题的解释》第九条规定违法所得是指行为人利用未公开信息从事与该信息相关的证券、期货交易活动所获利益或者避免的损失。但对于剥夺不当获利意义上的违法所得该如何计量,刑法理论上尚缺乏充分思考。理论上,关于此问题探讨较多的是犯罪成本应否核减的问题,但该问题似更应归入没收"供犯罪所用的财物"所探讨的范畴。

2. 追缴、责令退赔

目前,司法实务对追缴、责令退赔、没收等概念的使用较为随意,既作为程序法概念又作为实体法概念使用,既属于临时性保全措施又作为终局性处置手段,既针对财产刑执行又涉及赃款赃物处理等。有观点认为,追缴兼具程序上追查、缴获和实体上上缴、没收之意,责令退赔兼具程序上退出和实体上赔偿之意。也有见解认为,追缴只针对违法所得的原款原物。一旦赃款赃物本身灭失或混入资金池即不得追缴。责令退赔是指退赔被害人损失,对于没有被害人的案件只需追缴即可。为便于概念的统一适用,本文以刑法第六十四条为适用语境,建议将追缴、责令退赔限定为追赃的程序性手段。追缴是指追查并收缴违法所得之意;责令退赔是指违法所得全部或部分灭失导致无法追缴时,责令退出或赔偿等价财物之意。二者具有一定的顺位及互补关系。这样就明确了"其他等值财产"的概念,这对于全面追赃挽损具有重要意义,理应引起实务界的高度重视。但法律概念的创设需要系统安排,程序上的查控举措与实体上的处分措施、查处非法财物与替代查处等值其他财产、退赔违法所得财物本身与退赔被害人损失等概念的明确界分单靠目前刑法第六十四条的简短内容恐难解决,争议在所难免,有待进一步深入研究。

由于违法所得发生灭失的时间是不确定的,而且审执人员对"追缴"与"责令退赔"的理解存在分歧,所以除在侦查、起诉阶段即已将全部违法所得追缴到案的情况外,在法院裁判文书财产处置判项中有必要将"继续追缴"与"责令退赔"一并表述，否则在追缴不能时究竟能否剥夺其他等价财产难免产生争议，不利于判项的执行。但笔者在分析上述样本时，发现判项完整表述"追缴或责令退赔"者尚不足10%，值得深思。

另外，因追缴到案的赃款赃物在犯罪当时、判决生效时、执行变卖时等不同阶段的价值是不断变化的，为防止诉讼程序的过分冗长，避免追赃数额长期处于不确定状态，不利于诉讼效率及法秩序稳定，在宣判时理应按照《最高人民法院关于刑事裁判涉财产部分执行的若干规定》第六条第三款的规定对追赃数额作终局性确认，明确追缴或者退赔的金额或财物的名称、数量等相关情况。但对于诉讼进程中赃款赃物增值部分和贬值部分该如何处理，是否可以相互折抵等问题又存在较大争议。有观点认为，以新增违法所得来替代原退赔义务相当于犯罪分子实际获得不正当利益，所以不宜折抵。有观点认为，宣判时明确的数额仅具有评价量刑情节上的意义，应以执行中实际到位率来认定，实行多退少补；也有见解认为，进入诉讼程序后，非因犯罪分子占有、使用而造成的增值或贬值与犯罪分子无关，宣判时确定价值后，实际执行到位多少在所不问。

3. 违禁品和供犯罪所用的本人财物

（1）供犯罪所用的财物。

司法实务中对违禁品的处置一般争议较小，但对供犯罪所用的财物、犯罪工具、作案工具等概念该如何理解争议很大。理论上存在直接、专门说以及行为促进说、全部没收说、比例没收说、刑罚说和保安处分说等不同观点。实务中，以在犯罪活动中较为常用的手机、车辆为例，各地处置方式并不统一（见以下案例）。

案例一：行为人驾驶车辆从事了两次贩毒行为，且在公安机关围堵抓获时采用倒车撞开其他车辆的方式逃跑，可以认定涉案车辆具有犯罪工具属性；涉案车辆对盗窃犯罪的完成及销赃起了关键作用，应作为犯罪工具予以没收。

案例二：行为人购买车辆后，未将其主要用于实施犯罪，且车辆对毒品交易的完成也没有起到关键性和决定性作用，故一审认定该车辆为作案工具错误。供犯罪所用的财物是指直接用于实施犯罪之物，与犯罪行为应存在直接关系或密切关系。所谓直接关系是指对犯罪的完成起到决定性和促进性的作用。所谓密切关系是指与犯罪存在经常性的联系，系专门或主要用于实施犯罪。本案中被告人虽使用车押送、转移，但未用于拘禁，与被告人实施的非法拘禁行为没有直接关系或密切关系，不应没收。

案例三：对于价值较大的交通工具偶尔被用于犯罪，可不认定为犯罪工具予以没收；证据证明车辆是为实施犯罪而购买，虽然客观上对案件发生具有帮助作用，但根据罪责刑相一致原则，没收"供犯罪所用的本人财物"应体现罪责刑的均衡，所没收财物的范围、价值应当与犯罪的危害程度相当，并应根据财物价值和犯罪情节综合考虑，没收车辆对上诉人明显处罚偏重，不应予以没收。

以上三个案例内容较为直观地反映了现阶段对供犯罪所用的财物审查与认定上的争议。笔者经过对样本案例中犯罪工具、作案工具和供犯罪所用的财物等概念的汇总，可大致将其梳理为以下几类：第一类是具有一定社会危险性的物品，如特制的捕猎器械、开锁工具、制假设备、刀剑弓弩等；第二类是被用作组成犯罪行为之财物，如走私的货物、赌博罪中的赌资、行贿罪中的贿赂等；第三类是主要供人们生活所用，但被犯罪分子特意准备或长期用于犯罪活动的物品，如特购的鸭舌帽、面罩、墨镜，用于非法采矿的挖掘机，用于"碰瓷"的汽车，用于"飙车"的改装车辆，职业犯、常习犯、累犯等重复使用于违法犯罪活动中的物品等；第四类是主要供犯罪分子生活所用，以惯常用途被偶然用于犯罪的财物，如用于联系犯意的手机、接送同案犯和运输赃物的汽车、照明的手电等。

一般而言，可以考虑作出以下处理：第一类物品与违禁品相当，基本没有生活用途，很有可能被再次用于犯罪，基于保安处分的需要，不论价值大小均建议予以没收。第二类财物本身并无危险，但因犯罪分子有意识地将其作为犯罪的组成之物使用，作为对此种处分行为的报应与惩罚，不论价值大小均建议没收。对于第三类财物，如果价值较大且不予没收有可能在犯罪分子重操旧业时被使用，基于报应惩罚及保安处分的考虑，可考虑予以没收；如果价值较小，可以轻易购买，除非被作为物证检材保存使用，否则没必要没收，处置此类财物实属浪费司法资源。但合理评判财物价值大小比较困难，此种思路难以令人满意。此问题仍有待通过提高物品变现效率的途径解决为妥。对于第四类财物，保安处分、报应惩罚的必要性均不大，为避免刑事制裁手段违反比例原则，防范以保安处分为名行刑罚报应之实，一般不宜没收。其中价值较大的，可以考虑作为合法财产折抵财产刑或赔偿被害人。

对于一般供生活所用的物品，可结合具体犯罪手段、财产特点、使用方式、犯罪次数等综合判断其是否系专供或常供犯罪所用的财物。比如，犯罪分子长期同时使用多部手机、多辆汽车且采用冒名、套牌、换用、改装等高度隐蔽、非常规的手段使用上述物品的，可考虑作为供犯罪所用的财物予以没收。

（2）本人财物。

目前司法实务中一般按照文义将本人财物解释为犯罪分子本人所有的财物。笔者认为，此种解释有可能不当缩小了打击范围，尤其对于有组织犯罪、单位犯罪、共同犯罪等可能形成制裁漏洞。另外，对于诸如"违建""黑车"等犯罪分子占有、使用但不具有合法所有权的财产该如何处置亦存在困难。针对该问题，笔者试图将本人财物解释为犯罪分子本人控制使用的财物。然而，这种尝试难免侵犯第三人合法权益，特别有赖于侦查权力的规范化运作、案外人异议审查制度的高效、财政罚没财物退还途径的通畅等诸多条件。在现阶段，我国各地司法资源配置并不均衡，如一律将犯罪分子使用的物品予以没收，实务中是否会出现草率没收、久扣不退等现象，值得深思。

4. 被害人的合法财产

（1）被害人的确定。在一些存在代理、共有、雇佣、担保、垫付等法律关系的案件中，被犯罪直接侵害的对象与最终承担经济损失的人可能未必是同一主体，此时如何确定被害人范围即成为问题。此类案件往往涉及刑民交叉问题，民事案件与刑事案件不同的证明标准和裁判规则常会导致当事人维权陷入僵局。笔者认为，对刑民交叉案件应本着刑民协调、司法经济的原则处理，根据实际情况推动刑民交叉案件妥善解决。刑事诉讼中可尝试通过公告、补充侦查、追加认定、合并执行、听取利害关系人的陈述等手段，查清权属事实，以便于将财物直接返还给最终受损的人，减少当事人通过另行诉讼、刑事再审等程序救济的成本。另外，诸如非法集资案件中受损的集资参与人、传销案件中受损的传销组织成员等能否定性为刑事案件的被害人同样存在争议，而不同的定性对于最终的财产分配有重要影响。

（2）合法财产。被害人的损失理应得到及时的补偿。但是，如果被害人因将其原本合法的财产用于违法犯罪活动而遭受损失，应否返还该财产即成为一个需要深入思考的问题。例如，被害人因购买枪支弹药、毒品等违禁品，或参与赌博、传销、行贿国家工作人员等违法犯罪活动而被骗，相关财物及孳息应否返还？有观点认为此种情形下的"被害人"同时属于违法犯罪活动的行为人，其使用的财产理应受到否定性评价。实务中也有不少法院直接判决将"被害人"用于非法交易的资金予以没收。但另有观点认为，"被害人"虽有不法行为，但毕竟尚在一般违法、犯罪预备或未遂阶段，不法程度较低，对上述财物能否评价为供犯罪所用的财物予以没收，尚有待商榷。一律没收的做法是否违反比例原则亦值得反思，实践中法官在适用时常有所顾虑。正如前文所述，若将刑法第六十四条中的追缴定义为缴获并收归国有，则可据此将被害人用于违法活动的财物作为犯罪分子的违法所得予以没收。但如果追缴仅具程序上的意义，而没收又仅限于违禁品和供犯罪所用的本人财物，此时适用刑法第六十四条并无特别合适的依据对应没收被害人用于违法活动的财物。可否将该部分财产授权查封、扣押机关处理，之后再由相关机关依据行政处罚法等规定予以没收是一条值得尝试的途径。当然，究竟如何合理、明确划分应否返还的界限及返还主体的权责涉及较为复杂的利益平衡问题，有待立法层面的安排。

5. 返还

从狭义上理解"对被害人的合法财产，应当及时返还"似乎仅限于返还被害人被非法占有的原款原物。这也是导致实务将刑法第六十四条首句中的责令退赔理解成责令赔偿被害人损失的缘由之一。但如果仅将返还限制在原款原物范围，难免使原款原物的替代物等没有依据补偿给被害人，这显然不符追赃挽损实际。

所以，为保持刑法第六十四条"责令退赔"与"返还"语义之间的协调，可将返还作广义的理解，意指归还和偿还，包括返还被害人损失的原款原物及对应的赔偿物等。当然，刑法第六十四条中责令退赔、返还针对的内容究竟是被告人非法占有、处置的被害人财产[①]，还是包括赔偿犯罪行为给被害人造成的其他损失，仍有争议。比如，在恶意透支型信用卡诈骗罪中，刑事判决中是仅判处退赔恶意透支的本金，还是包括给银行造成的复利、罚息等损失？被害人与被告人达成赔偿和解，但赔偿数额超出被告人违法所得数额的，刑事判决可否予以确认？

总体而言，在理论界与实务界对定罪量刑与追赃挽损程序的不同特征未予足够重视、对追赃挽损相关概念缺乏系统性认识的背景下，对某个概念的扩张或限缩解释很容易陷入"捉襟见肘""按下葫芦浮起瓢"的尴尬。笔者在参与以"优化营商环境，保护企业、企业家合法权益"和"打财断血，巩固扫黑除恶成果"为主题的调研活动时，对此感受颇深。相关概念的内涵、外延会因不同的视角、目的、任务而变得模糊不定。实务中很难依据现有法条找到全面追赃挽损与充分保护犯罪分子、案外人合法财产之间的平衡点。正因如此，追赃挽损相关概念的体系化、明确化、精细化工作将是提升规范效力，完善刑事涉案查控、处置工作

[①] 参见《最高人民法院关于适用〈中华人民共和国刑事诉讼法〉的解释》第一百七十六条规定："被告人非法占有、处置被害人财产的，应当依法予以追缴或者责令退赔。被害人提起附带民事诉讼的，人民法院不予受理。追缴、退赔的情况，可以作为量刑情节考虑。"

的必经之路、大势所趋。所以，本文在此抛砖引玉，望激发各界探讨之热情，以期早达共识。

三、刑事涉案财产审查与认定中需要重点平衡的三大利益关系

（一）平衡各被告人之间的利益

在刑法理论上，对于共同犯罪一般采取"部分行为整体责任"的处理原则。受此影响，实务中对于共同犯罪违法所得财物的追缴一般以犯罪总数额、损失总额、参与总额等为限连带追缴。连带追缴明显有利于全面追赃挽损，而且不少人认为，共同犯罪案件的各被告人对于被害人损失的产生均有不可推卸的原因力，为其共同侵权行为承担连带赔偿责任可谓理所当然。在上述样本403份共同犯罪案件中，明确判处共同或连带退赔的就有160件，占39.7%。但是，也有不少案件判处根据各被告人实际分赃所得分别追缴。主张个别追缴的观点认为，共同犯罪的整体责任与民事侵权的连带责任有着本质区别，违法所得财物的追缴或责令退赔具有对利不对人的特点，本应向实际享有利益的被告人个别追缴。连带追缴不可避免有人会因少退赃而实际"获利"。即使设置追偿机制，也只具有形式上、逻辑上的意义，追偿到位存在诸多障碍。连带追缴可能使在案件中发挥作用较小、未有任何获利的从犯背负上亿元的巨额债务，始终难以"全额退赔"以争取轻缓处遇，不利于对未获利从犯的改造，且有违公平。

实践中情况十分复杂，为妥善解决上述问题，有观点建议可确定保有非法获利者为主退赔人，其他经手传递该不法利益的被告人承担补充责任，或者探索对主犯确立连带责任，对从犯适用个别责任，[①] 或者根据赃款赃物去向进行个别追缴，追缴不能时责令共犯连带退赔。当然，对

[①] 参见《浙江省高级人民法院、浙江省人民检察院、浙江省公安厅关于办理电信网络诈骗犯罪案件若干问题的解答》第17问的解答。

于刑事附带民事诉讼中赔偿被害人损失的部分,因其立法目的与刑法第六十四条不同,笔者赞成被告人之间承担连带责任的做法。

(二) 平衡各被害人之间的利益

追缴或退赔到案的财产毕竟有限,各被害人之间不可避免存在利益冲突。对于被害人众多的案件,如何平衡形式报案人与实际受损人之间的利益及先后报案各被害人之间的利益较为棘手。对于犯罪分子从各被害人处取得的财产,应当溯源返还各特定被害人,还是由所有的被害人按比例进行分配或者按照一定的顺位依次分配一直存有争议。

有观点认为,如果有确切证据证明犯罪分子的某部分违法所得的财物系从某特定被害人处取得,可返还给此特定被害人。这样可激励被害人及时主张权利,亦符合先追缴后退赔的追赃规则。否则,以此受害人的财产来弥补彼被害人的损失,有违公平。虽然上述见解确有可取之处,但可能激化被害人之间的矛盾,实务中也有促成被害人之间协商调解的探索。当然,如果各被害人的财物在犯罪分子的资金池中被混合使用,与其他被害人的财物、被告人的合法财产、其他不明来源的财产等难以分清,实务中一般统一按比例在各被害人之间分配。

此种情形下,实际往往还涉及刑事案件的被害人对外与其他民事、行政案件当事人之间受偿顺位的平衡问题,尤其诸如职工工资、养老保险、公益债务等。

(三) 平衡被害人与善意第三人之间的利益

犯罪分子通过隐匿、变卖等手段将涉案财产转移给第三人的情况较为常见。对已经被第三人占有、控制的财产应否追缴,能否责令退赔是涉案财产处置中的重要问题。基于前文的论述,对于流向第三人处的涉案财物,原则上应当追缴或责令退赔。但这种处理合理化的前提是第三人存在不当获利。如果第三人在善意的情况下通过等价交换取得涉案财物,为保护交易安全,避免对社会秩序造成"二次伤害",刑法理论主流观点认为不宜继续向第三人追缴。有鉴于此，现行多个司法解释均明确将善意取得制度作为追缴违法所得的例外，并列举了"明知而取得""无偿取得""以不合理低价取得""以非法手段取得"等常见的不属于善意取得的情形，从而从正反两方面达到既预防犯罪分子恶意转移财产，又保护交易安全的目的。从逻辑上讲，因为善意取得的关键是支付对价有偿取得，司法机关可以就赃款赃物的转化物继续追缴，从而使得善意取得制度与追赃制度并行不悖。

然而，现实的情况较为复杂，对于既不满足司法解释明确列举的应当追缴的情形，又不属于典型的善意取得的情形该如何处理便成为难题。比如，犯罪分子将赃款赃物用于抵押借款、偿还合法债务、支付定金和违约金或赔偿金等，应否向第三人追缴？笔者认为，以上情况下笼统地全部追缴或不予追缴均不尽合理。对于偿还合法债务等情形，从民众的一般法情感来讲，第三人毕竟曾支付过对价，获得清偿似乎"天经地义"。第三人所谓的"获利"也只是程序上的提前偿还，并不存在实体上的不当"获利"，认定第三人系"无偿取得"而予以追缴，难以让民众接受。但用违法所得的财物作抵押或偿还债务与犯罪分子用自己的合法财产从事上述活动的法律意义并不完全一样。实有必要结合涉案财产的特性及债务的成因和性质区别对待，或者考虑按照一定的顺位、比例协商分配。

对于用违法所得的财物作抵押或偿还债务的，有必要审查主合同、担保合同、原始债务的真实性和合法性与合同效力及履行情况、物权变动情况等。如果第三人因债务清偿而获取了利息、利润等合理收益，能否追缴，存在较大争议。但对于收取的高息，一般均予以追缴。

对于犯罪分子用赃款赃物支付定金、违约金、赔偿金、预付款、保证金等的，实务中大多倾向于追缴。因为此种情况不具备善意取得制度对价交易的本质，第三人因犯罪行为而获得实体利益，一般认为属于无偿取得的范畴。但也有反对意见，尤其对于其中用于支付人身损害赔偿金的，往往难以决断。对于犯罪分子用违法所得财物支付服务费、税费的，法官一般会考虑服务内容的合法性、合理性，以决定由犯罪分子退赔或向服务提供者继续追缴。

四、刑事涉案财产审查与认定规则的实践运用

笔者在此针对司法实践中常见的若干重要问题模型，结合前文的论述，探索解决问题的具体方法，以供实务参考。

（一）犯罪分子直接将全部违法所得的财产进行单向投资（见图5）

图5 犯罪分子直接将全部违法所得的财产进行单向投资

此种模型较为简单，若该房屋尚未售出，有观点认为无论房屋价值几何，直接没收即可，追缴工作即告完成。也有观点认为，宣判前应对该房屋价值进行评估。若有增值，直接判决没收该房屋即可；但若已贬值，该如何处理，实务中存有争议。对此，第一种意见认为，即使该房屋贬值，也与犯罪分子的行为无关，判决没收该房屋后，追赃目的即告实现，犯罪分子已无利可图，无须继续追缴或责令退赔。给被害人造成的损失部分，并不属于犯罪分子非法占有、处置的财物，被害人可另行主张，所以仍是主张直接没收该房屋即可。第二种意见认为，判决没收该房屋的同时应责令退赔差额（违法所得300万元减去评估价），之后退赔责任即告终局性确认。至于上述房屋在执行阶段实际变卖价值多少，在所不问。理由在于两点：一是确保被害人的损失可以如数获得补偿，犯罪分子曾占有、使用房屋之利益得以剥夺；二是避免刑事审判久拖不决，始终难以确认退赔数额。同时，若该房屋已出租、出售，所得租金收益、自然增值或贬值损失等在宣判前可确定的，可直接判决追缴全部

租金、售房款等或将差额列入责令退赔范围。其中，房屋租金收益是否单独追缴或责令退赔，能否折抵房价贬值应予退赔的部分则仍存有争议。

对于此类财物贬值带来的争议系下文提及的模型中共同面临的问题，将在下文中阐述笔者意见，此处只予以列举，不再赘论。

（二）犯罪分子将全部违法所得的财产进行多项投资，其中有的增值，有的贬值（见图6和图7）

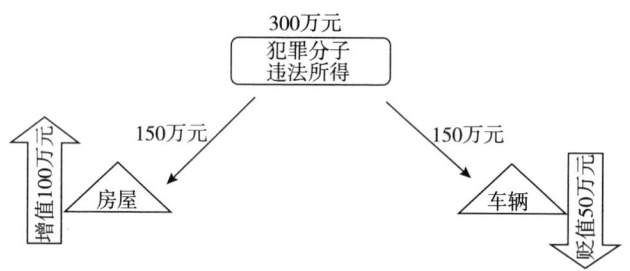

图6 全部违法所得的财产用于多项投资，整体收益大于损失

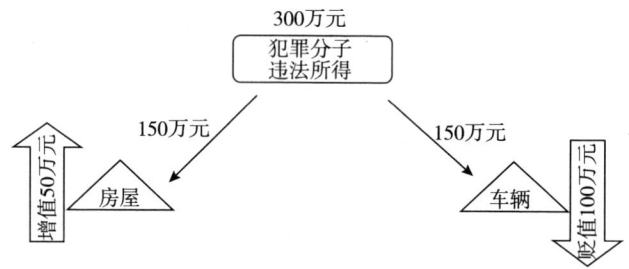

图7 全部违法所得的财产用于多项投资，整体收益小于损失

犯罪分子将全部违法所得的财产进行多项投资，其中有的增值，有的贬值，此种情况下如何追缴，调研中主要存在两种不同的观点。一种观点认为，应以犯罪分子所有投资整体获益计算。允许部分财产的增值部分折抵其他财产的贬值部分，只要缴尽所有非法获利即可。所以，对于整体收益大于损失的情况，应追缴房屋价值250万元加车辆残值100万

元共计350万元；对于整体收益小于损失的情况，应追缴房屋价值200万元及车辆残值50万元，至于应否继续退赔车辆贬值部分，如前文所言，尚有争议。另一种观点认为，部分财产的增值部分不可折抵其他财产的贬值部分。即房屋无论增值多少，作为犯罪所得和孳息予以没收。车辆的贬值部分责令退赔。即对于整体收益大于损失的情况，应判决追缴价值250万元的房屋加车辆残值100万元，再考虑应否另责令退赔50万元，共计400万元；对于整体收益小于损失的情况，应判决追缴价值200万元的房屋加车辆残值50万元，再考虑应否另责令退赔100万元，共计350万元。

（三）犯罪分子将违法所得的财产转让给第三人，第三人将之与其他合法财产混合后进行投资（见图8）

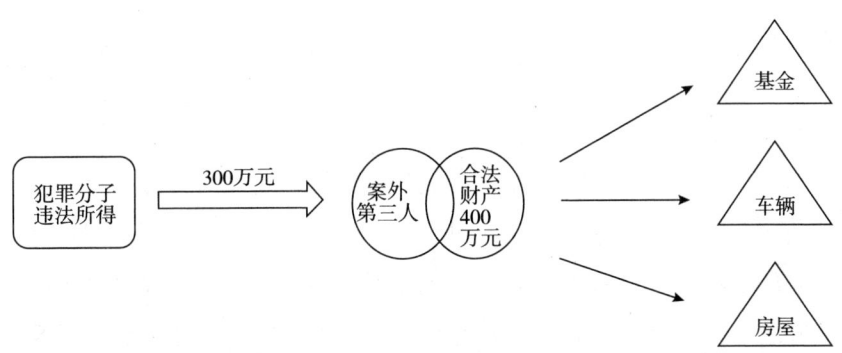

图8 第三人将犯罪分子违法所得的财产与其他合法财产混合后进行投资

犯罪分子将违法所得的财产转让给第三人，第三人将之与其他合法财产混合后进行投资，这种投资既包括单向投资，也包括双向投资。

此种模型因涉及第三人的合法权益，因而处置起来更为复杂。

当然，图8的模型只是在相当理想的取证充分、权属明确、流向清晰状态下探讨的，实践情况更为复杂。

对于图8的模型处理的总体思路是：努力在全面追赃与避免牵连无辜之间寻得平衡的前提下，尽可能便利诉讼程序的推进，以备在财产权属不明、来源不清时提供一条定性途径。具体应当注意以下两点：一是涉案财产与转化后的价值存在区别。以受贿为例，如被告人收受300万元现金后购买房屋，300万元现金属于赃款应当追缴，房屋增值的，增值的部分属于孳息应当追缴，房屋贬值的，应当追缴不足部分；但如果被告人受贿一套价值300万元的房屋，则追缴时以房屋为限。二是当混合型投资有亏有赚，甚至涉及第三人，能够分清的尽量予以分清，但在实践中不可避免有估算、推定成分，与客观事实的偏差不可避免，尤其对于时间跨度长、涉案人数多、交易体量大的非法集资类案件，如要逐笔追查资金流向、逐个审查财产来源，实难做到。有时不得不尝试采取整体类推、按比例分割的方式处理。但基于防止涉案财产大幅贬值、灭失，及时、全面追赃挽损的价值考量，在存有合理误差、遵循比例原则的前提下从法律上尽早作出认定和处理，似乎较长期搁置、终结执行对当事方更为有利。

五、结语

本文很多观点具有探索性、尝试性、经验性，源于笔者对相关问题的长期深入思考，必然有不足之处，有待实践的检验、修正。但相信深入研究刑事涉案财产查控、处置活动的特殊性，探寻一条切合国情的问题解决之道，应是未来刑事涉案财产审查与认定工作中的重点内容。

征 稿 启 事

《刑事审判参考》是最高人民法院刑事审判第一庭、第二庭、第三庭、第四庭、第五庭共同主办的重要刑事司法业务指导丛书。自2021年起，丛书由人民法院出版社出版发行，作为《中国审判指导丛书》的重要组成部分。丛书1999年4月创办以来，秉承立足实践、突出实用、重在指导、体现权威的编辑宗旨，在编辑委员会成员、作者和读者的共同努力下，密切联系刑事司法实践，为刑事司法人员提供了有针对性和权威性的业务指导和参考，受到刑事司法工作人员和刑事法律教学、研究人员的广泛欢迎。丛书主要收录案例、刑事司法规范及其理解与适用、刑事政策及其解读、理论前沿、实务探讨、编辑部答疑、经验交流、疑案争鸣等内容。

为以最前沿的视野、最权威的高度和最贴近刑事司法实践的方式编辑丛书，欢迎各位同仁向以下栏目提供稿件：

【案例】 在认定事实、采信证据和适用法律、司法解释定罪量刑方面具有研究价值和指导意义的典型、疑难案件，并附一审、二审裁判文书。

【理论前沿】 对刑事司法的前沿理论问题进行深入研讨的论文。

【域外司法】 评介域外刑事立法及司法制度、实务问题和典型案件的文章。

【经验交流】 地方司法机关制定的刑事司法规范性文件及其背景说明，地方人民法院院领导在刑事审判工作会议上的讲话，等等。

【实务探讨】 对某一类刑事实务问题提出的解决方案。

【裁判文书选登】 具有较强说理性、充分体现法官裁判思维和判案智慧的优秀裁判文书。

【编辑部答疑】 读者在刑事司法实践中遇到的法律适用方面的疑难、复杂问题。

【疑案争鸣】 针对刊登的疑难案例争议问题进行分析、发表观点，等等。

稿件应有问题意识，观点明确，语言平实，不晦涩。

来稿请注明作者的联系方式（包括地址、邮编和电话）。来稿一经采用，将按著作权的规定支付报酬。

来稿可向以下任何一位执行编辑投递：

北京市东城区北花市大街 9 号最高人民法院刑一庭

钟彦君　zgfyxyt2022@court.gov.cn

北京市东城区北花市大街 9 号最高人民法院刑二庭

段凰　cankaodh@163.com

北京市东城区北花市大街 9 号最高人民法院刑三庭

鹿素勋　lusuxun2004@163.com

北京市东城区北花市大街 9 号最高人民法院刑四庭

王敏　xingst@126.com

北京市东城区北花市大街 9 号最高人民法院刑五庭

侯宏林　xingwuting@126.com

邮编：100062

特别提示：为避免各庭之间采稿重复，来稿不可同时投递。